青木伸生の国語授業

フレームリーディングで文学の授業づくり

筑波大学附属小学校
青木伸生 著

明治図書

はじめに

一　読むことの授業を「深い学び」にするために

国語科の授業の中で、「読むこと」の授業を、「深い学び」にしなければなりません。そのために考えるべき視点が次の二つです。

◆文章（情報）を多面的・多角的にとらえ、創造的思考力を育むための授業になること。
◆文章（情報）を構造化してとらえる力を育む授業になること。

この二つを念頭におくと、授業が変わるはずです。なぜ変わるのか、どのように変わるのか。私は次のように考えています。

(1) 創造的思考力を育む授業をつくる

「読むこと」における創造的思考力とは、まったく何もないところから、考えを生み出すというものではありません。文章が目の前にあって、子どもがそれを読んでいると、確かに文字は追っているけれども、それだけでは見えていないものがあります。何気なく読んだだけでは見えていないものを、言葉と言葉をつなぎ合わせることによって見えるようにする力。これが創造的思考力です。書かれている言葉を確認するだけの読みの授業では、子どもの学びを「深い学び」にすることはできません。今日の授業のどこに、創造的思考力を育むためのしかけや発問があるのかが、教師の考えどころです。

創造的思考力を伸ばすためには、書かれている言葉を多面的にとらえる必要があります。また、本文の言葉と挿絵を組み合わせたり、物語作品と別の情報とを組み合わせたりしながら、考えをつくり出していくこと、これが多角的な読み方です。

言葉と言葉を多面的につなぎ合わせる授業、作品と別の情報を多角的にとらえる授業を実現させるための一つの手法がフレームリーディングなのです。

例えば、『ごんぎつね』を、「ごん」というフレームで読むと、ある一つの解釈をつくり出すことができ、「兵十」というフレームで読むと、別の解釈がつくり出せる。フレームの当て方によって、一つの作品世界が違った解釈で見えてくるということが、フレームリーディングではあり得るのです。

(2) 構造化する力を伸ばす

構造化する力を伸ばすためには、全体が見えていなければなりません。全体を見渡すためには、見渡せるような読み方ができることが必要です。文章全体を見渡すような読み方が、フレームリーディングでは可能です。

構造をとらえるためには、「変容・対比や類比・繰り返し・起承転結・具体と抽象・伏線」などの物語を読むための思考の枠組みが必要です。この枠組みをつくるのがフレームリーディングです。思考の枠組みをつくることができるような発問を、教師がしていくことが必要なのです。

また一方で、子どもはいきなり物語を構造化して読むことはできません。当然、発達段階も考慮する必要があります。しかし教師が、低学年のうちから、構造化した板書を子どもの目に触れさせるようにしていけば、子どもは知らず知らずのうちに、文章の構造を目にすることになります。この積み重ねが重要なのです。板書が構造的に示されるためには、教師の教材研究がどうしても必要になります。

二　フレームリーディングの三ステップ

今のところ、フレームリーディングの文学の授業を三つのステップで考えています。

第一段階のフレームリーディング　作品の大まかなフレームをつかむ

〈発問例〉
- ●登場人物は何人ですか。
- ●中心人物はだれですか。

●仲間はずれの人物はだれですか。それはなぜですか。
●出来事はいくつありますか。
●登場人物のセリフはいくつありますか。
●物語の最初と最後で何が変わりましたか。
●違いはいくつありますか。
●同じところはいくつありますか。
●文章の中から□□を見つけましょう。

第二段階のフレームリーディング　必要に応じて詳細に読む

〈発問例〉
●中心人物がもっとも大きく変わったと分かるところはどこですか。
●中心人物は、なぜこのようなことをしたのでしょう。
●中心人物は、このときどのような気持ち・思いだったのでしょう。
●この言葉（セリフ・叙述・場面など）は必要でしょうか。
●この場面を絵に描いてみましょう。

第三段階のフレームリーディング　フレームを見直して主題をとらえる

〈発問例〉
●作品の題名は、なぜ『〇〇』なのでしょう。
●中心人物が変わったことで、変化したことはいくつありますか。

●作品の中に出てきた□□とは、何でしょうか。（登場したものの抽象化）

第一段階で作品の大枠をとらえ、第二段階で焦点化された課題について詳しく読み、その読みを第三段階で全体に返すことで、より深化したフレームリーディングになっていくという構想です。

三　謎解きをする子ども

『海の命』をフレームリーディングで学んだ後、ある子どもが次のような感想を書きました。

> ぼくは、一つの問題でも、詳しく読めば別の問題も出てくるからこの文章は面白いと思いました。（中略）この文章は、普通に読んでも気づかないところがある。より深く読まないと気づけない部分があるということが分かりました。これが文章の面白さ、国語の面白さです！

子どもは、多面的に読むことの面白さ、深く読むことの楽しさを実感しています。子どもが、読むことの面白さ、国語の楽しさを感じられるような授業を、一時間でも多くしたいのです。本書がその一助になれば幸いです。

筑波大学附属小学校　青木　伸生

もくじ

第2章

文学教材をフレームリーディングで読む

第1章

フレームリーディングでつくる国語の授業

一　物語を読むことは、謎解きすることである

(1)『ごんぎつね』の謎を解く

教科書に五十年以上も掲載されている『ごんぎつね』に、いったいどのような謎が隠されているのか。今まで数限りなく実践されてきた『ごんぎつね』。それでも行われてこなかった授業とは？　それも、重箱の隅をつつくような細部にこだわったものではなく、この作品の本質に迫るような、大きな枠組みの見直しが、「フレームリーディング」ならできます。

謎解きの出発点は、『ごんぎつね』の冒頭の一文です。

> これは、わたしが小さいときに、村の茂平《もへい》というおじいさんから聞いたお話です。

この一文が、『ごんぎつね』の作品全体のフレームをつくっています。このことは、のちのち分かっていくことになります。

まず確認。「わたし」とはだれか。これは、授業者が子ども達にも正確に伝えなければなりません。

「わたし」は、この作品の語り手です。

この作品を読み始めるとき、登場人物を確認する時間があるでしょう。子ども達に問います。

「この作品の登場人物は何人ですか?」

そして指示します。

「作品の一番はじめに登場する人物を○で囲みましょう」

クラスで確かめてみましょう。おそらく、バラバラに○がついているはずです。もしも、クラス全員が同じ人物に○をつけられていたら、その学校は、国語の授業を系統的に学べている素晴らしい学校だということになります。その学校のだれもが、「登場人物とは何か」という定義を、そして「どのように登場人物を特定するか」という方法を、身につけているといえるからです。

(2)「登場人物」とは

『ごんぎつね』から少し話が逸れますが、登場人物とは何か、という学習は、一年生の文学的文章を読む授業から始まります。例えば、『おおきなかぶ』などが出発点でしょう。このときに、授業の中でしっかりと「登場人物とは何か」「何を目印にして登場人物を決めるか」ということが学べている必要があります。もちろん、一年生に分かるレベルで。

『おおきなかぶ』の学習の中で、一年生に尋ねます。

「このお話に出てくる人は何人ですか?」

子ども達は、すぐに数えて手を挙げます。ところが、その数は、一通りにはなりません。意見が分かれるのです。なぜなら、意見が分かれるように、こちらが尋ねているからです。「出てくる人は何人？」と尋ねているので、一年生のある子どもは、作品中の「ひと」、つまり、人間を数えます。そして「おじいさん、おばあさん、まご」の三人だと答えます。ある意味、正解ですよね。しかし、他の子ども達は、別のことを言い出します。「かぶを引っぱったのは、その三人だけではないよ」と。この子ども達の答えは、「六人」です。先ほどの三人に加えて、「犬、ねこ、ねずみ」も加わります。

この他に、「七人」と答える子どももいます。「かぶ」まで数えているからです。

意見が分かれると、子ども達は、答えが知りたくなります。考えようとします。「数える」という学習は、フレームリーディングの重要な切り口の一つなのですが、子どもが数えると、答えが分かれる場合が多く出てきます。答えにズレが生じることが、「もっと正確に読もう」「もう一度読み直してみよう」「確かめたい」という子ども自身の問いにつながります。

そこで、一年生の子ども達に、物語の読み方を教えることになります。

「お話に出てくる人は、人間とは限らないよね。今までにも、うさぎさんやくまさん、きつねさんが出てくるお話を読んだことがあるでしょう。お話では、人間でなくても人間と同じように『～人』と数えるよ」

基本的な「登場人物」に対する考え方です。それから、用語を教えます。

「お話に出てくる人のことを、『登場人物』と言うよ」。黒板には、ひらがなで「とうじょうじんぶつ」と書きます。新しい学習用語の習得です。

第1章

次に登場人物であるかないかの見分け方を伝えます。

「お話に出てくるものが『登場人物』か違うかの目印は、その人がお話しをしているかどうかだよ」

やや乱暴な説明ですが、一年生の子どもにとっては、会話文があるかないかは、「」（かぎ括弧）があるかないかなので、だれもがはっきりと見分けられるのです。つまり、客観的な判断がしやすいということになります。学習の出発点ですから、何よりもシンプルで分かりやすいことが優先です。最初から複雑な定義やルールは、子どもを混乱させます。

この後の詳細は、本編の『おおきなかぶ』の実践のページを読んでください。

こうして、一年生は一年生なりに、「登場人物」を学び、そこから二年生、三年生と積み上げて、今、四年生の『ごんぎつね』まできたという流れになります。

ですから、一年生のときから、「登場人物」についての定義や、見分け方を系統的に学んできた子ども達なら、『ごんぎつね』の登場人物も正しく数えられるはずなのです。

さて、会話文のある人物という、基本的な見分け方をもとに数えてみると……この作品の登場人物は、「五人」というのが正解になります。とりあえず（とりあえずの意味は28ページで述べます）、その五人とは、「ごん、兵十、加助、いわし売り、弥助のおかみさん」です。その他の人物には、会話文がありません。

ちなみに、会話文のない人物まで数えようとすると、兵十のおっかあの葬列もあるので、この作品の人物はとんでもなくたくさんいることになってしまいます。

(3) 冒頭の一文を確認する

『ごんぎつね』の登場人物は五人だと分かったところで、あらためて冒頭の一文に戻ります。

これは、わたしが小さいときに、村の茂平《もへい》というおじいさんから聞いたお話です。

「わたし」とはだれか。まず確認しなければなりません。子ども達に尋ねると、大きく二つの答えが返ってきます。「作者・新美南吉」と「語り手」です。

低学年のうちは、作者と語り手（話者とも言います）をイコールと考えてもいいと思います。しかし、学年が上がって、中学年になったときには、両者は分けます。作者である新美南吉が、語り手にこの物語を語らせていると考えます。

作者と語り手（話者）を分ける学習は、工藤直子の詩集『のはらうた』で行うと効果的です。『のはらうた』には、のはら村の住人である様々な語り手（詩では話者と言って使い分けています）が、詩を語っています。例えば、「かまきりりゅうじ」が、『おれはかまきり』という詩で、「おう あついぜ」などと言っているわけです。これは作者である工藤直子氏が、話者である「かまきりりゅうじ」に詩を語らせていると考えるわけです。このことは、三年生ぐらいの子どもなら十分に理解できます。

こうした学習をもとに、作者と語り手（話者）は分けて考えますから、『ごんぎつね』で出てくる

「わたし」は、作者ではなく、語り手であると考えます。語り手である「わたし」が、小さいときに、村の茂平というおじいさんから昔話を聞いた、それをこれから語りますよ、という設定になっているわけです。

ですから、村の茂平おじいさんが、「わたし」にごんぎつねの話を語ったのは、実際にごんが生きていた時代よりもずっとあとになってからということになります。ごんの生きた時代は、中山に城があって、お殿様がいた時代です。茂平おじいさんは、昔話を「わたし」に聞かせてくれたのです。このことを子ども達と確かめておく必要があります。これは、後々重要な意味をもちます。

もう少し考えてみると、なぜ「わたし」は小さくなければならないのか。なぜわざわざこのような一文から始まっているのか、ちょっと不思議です。村の茂平というおじいさんも、この後には一切登場しません。この一文は本当に必要なのでしょうか。

ここでは、このように投げかけておくだけにします。この一文だけを読んでも、答えは見つからないからです。それでも、ちょっとだけ気にかけておくことは必要です。

今まで行ってきた『ごんぎつね』の授業では、この一文にこだわるような展開にはなかなかなりませんでした。「場面ごとに、ごんの気持ちを想像しよう」というような学習課題で行われることが多かったためです。

(4)「中心人物」とは

この作品の中心人物は、当然ながら「ごん」です。「兵十」も含めて中心人物と考えることもできます。

中心人物とは何か。これも重要な学習です。中心人物とは、作品中で大きく変容する人物です。『大造じいさんとガン』なら「大造じいさん」、『海の命』では「太一」が中心人物になります。「作品の中で大きく変容する」と書きましたが、変わるものはいろいろ考えられます。気持ちが変わる、他の登場人物との関係が変わる、ものの見方・考え方が変わる、生き方が変わるなどです。気持ちが変わるのは分かりやすいと思いますが、悲しかったものが嬉しくなるというような作品です。関係が変わるというのは、対立していた両者が和解するといったことです。ものの見方・考え方が変わるというのは、大造じいさんが残雪に対するように、「たかが鳥」と考えていたものが、「ガンの英雄」に見方を変えたような作品です。生き方が変わるのは、『海の命』の太一がその例として挙げられます。

こうした定義や例をもとに、あらためて『ごんぎつね』の中心人物はだれかを考えます。ごんは、最初はいたずらばかりするきつねでしたが、最後には兵十に思いを寄せる存在になります。ごんの変容が一番大きく感じますが、実は兵十も大きく変容していますね。作品中ずっと、「ぬすっとぎつねめ」と思っていたわけですが、最後の場面でごんを撃ってしまってから、「ごん、おまえだったのか」に急転直下、大きく変わることになります。そうすると、これは、単純にごんの変容の物語としてとらえるのではなく、ごんと兵十の関係が変容する物語ととらえる方がふさわしいかもしれません。ということは、中心人物はごんだけでなく、兵十もということになり、中心人物が二人いるという結論になります。

この作品を通して、子ども達は「中心人物は、必ずしも一人とは限らない」ことも学ぶのです。

(5)「ごん」の設定と結末

では、中心人物の一人である「ごん」は、どのようなきつねなのでしょうか。作品のはじめの場面を丁寧に読み、ごんの人物像が分かるところを見つけていきます。手がかりとなる叙述の主なものを示します。

- ・ひとりぼっちの小ぎつね
- ・しだのいっぱいしげった森の中に、あなをほって住んでいた
- ・夜でも昼でも、辺りの村へ出てきて、いたずらばかり

(いもをほり散らす・菜種がらに火をつける・とんがらしをむしり取る　など)

特に重要なのは、「小ぎつね」というところです。ごんは、体は小柄でも、一人前の大人のきつねなのです。同じ新美南吉の作品『てぶくろをかいに』に登場する子どものきつねと同じイメージで読んではいけないのです。ごんは、自分のことを「わし」とか「おれ」と呼んでいます。「ぼく」では

ありません。ごんが、一人前のきつねだからこそ、おっかあを亡くした兵十の孤独感を身にしみて感じ取ることができ、共感できるのです。子ども心に、「おっかあが死んじゃって、兵十はかわいそうだな」程度の思いではないのです。

この「ごん」が、最後はどうなるか。最後は、兵十に撃たれてしまいます。おそらく死んでしまうのでしょう。

しかし、「ごんは死んでしまいました」とは書かれていません。それなのに、読者の多くは、「ごんは死んでしまった」「ごんは死んでしまうに違いない」と感じ取ります。それは、読む人にそう感じ取らせるだけの叙述が、結末場面にいくつも散りばめられているからです。

・(兵十は) ごんを、ドンとうちました。
・ごんは、ばたりとたおれました。
・ごんは、ぐったりと目をつぶったまま、うなずきました。
○青いけむりが、まだつつ口から細く出ていました。

これらの叙述が、読み手にごんの死を想像させる「伏線」になっているわけです。そして最後の一文「青いけむり」の「青」という色彩、「細く出ているけむり」などは、ごんの死を「暗示」している表現であるととらえることができます。

このような言葉がつながるからこそ、多くの読み手が「ごんは死んでしまうのだ」と感じるわけです。

(6) 兵十の人物設定

では、ごんを撃った兵十とは、どのような人物なのでしょうか？　1の場面に戻って、今度は兵十の人物像が分かる叙述を見つけていきます。子ども達は次のような叙述を指摘します。括弧内は、子どもの解釈です。

- ・ぼろぼろの黒い着物（兵十は貧しい）
- ・はちまきをした顔の横っちょうに、円いはぎの葉が一まい、大きなほくろみたいにへばり付いていました。（細かなことは気にしない）
- ・うなぎやきすを、ごみといっしょにぶちこみました。（おおざっぱ・乱暴な感じ）
- ・「うわあ、ぬすっとぎつねめ。」とどなり立てました。（こわい・乱暴者）
- ・兵十は追っかけては来ませんでした。（あきらめが早い・体力がない）

マイナスイメージの解釈が多いのですが、別の読み方をすれば、「はちまきをした顔の横っちょうに、円いはぎの葉が一まい、大きなほくろみたいにへばり付いていました」などから、兵十は今それだけ集中して魚を捕っているのだ、一生懸命なのだという解釈もできます。

（7）『ごんぎつね』の謎

「ぬすっとぎつねめ」と、ずっと思っていた兵十が、最後の場面でごんを撃ちます。

最後の場面には、ごんと兵十の二人しかいません。ごんは撃たれました。残されたのは兵十ただ一人です。兵十が、この話をだれかにしなければ、この話は誰にも伝わらないし、広がらないのです。

では、なぜ冒頭の一文にあったように、時代を越えて「茂平おじいさん」が知っていたのでしょうか。

兵十が、だれかに話したからにほかなりません。だれに話したのでしょうか？

あらためて、この作品の登場人物を確かめます。ごんと兵十以外には三人しかいませんでしたよね。その中の、だれに話をしたのだと思いますか？

この三人の中では、加助しか思い当たりませんよね。では、兵十と加助は、そんなに仲がいいのでしょうか？

（8）加助と兵十の関係をさぐる

加助と兵十は、どのような関係だったのでしょうか？　二人の関係を読み解きます。

加助と兵十の関係が分かる叙述を、見つけてみましょう。加助が登場するのは、４と５の場面です。

■４の場面から

・「そうそう、なあ、加助。」（兵十から、自分の身に起きたことを加助に話している→兵十は加助を信頼している）

・「ああん。」（友だちだから、このような返事をしている。親しくないとこのような返事はしない）

・「ほんとかい。」（最初から信じられないというような反応をしていない。受け止めている）

■５の場面から

・またいっしょに帰っていきます。（お念仏に村の人が集まってきたはずなのに、帰りも二人で帰っている）

・加助が言いだしました。（加助から、さっきの話を切り出している。加助が、兵十の話をずっと考えてあげていた証拠）

・「さっきの話は、きっと、そりゃあ、神様のしわざだぞ。」（考えに考えた結果の答え）

・「そうかなあ。」（加助の話を兵十は真剣に受け止めている）

・「そうだとも。だから、毎日、神様にお礼を言うがいいよ。」（加助は、本気で神様だと思って話している）

加助は、兵十の話を、しっかりと受け止めて、考えてあげています。どのくらいの時間考えてあげていたのでしょう？　お念仏の時間、ずっとですよね。お念仏は、どのくらいの時間がかかるものでしょうか？　お坊さんがお経を唱え、説法をする時間などを考えると、少なくとも小一時間はかかるはずです。

そもそも、『ごんぎつね』は全部で6の場面しかないのに、なぜ加助と兵十のこのやりとりが、4と5の二つの場面に分けられているのでしょうか？　そこに何が意図されているのでしょう。

それは、「時間の経過」です。加助は、お念仏の間、ずっと兵十が話したことを考えていました。いったいだれが、兵十にそんなことをしているのだろうかと。まず、「俺じゃないしな」と思っているわけです。子ども達が見つけたように、兵十と加助は仲のよい関係であることが読み取れます。その加助自身が、兵十にそのようなことをしていないわけです。加助は、お念仏に集まってきた村人達の顔を見ながら、「こいつじゃないよな」と、一人一人消去していったことでしょう。その結果、村人で当てはまる人は一人もいなくなったのです。だから、加助の結論としては、「神様」しかいなかったのです。

加助は、けっしていい加減に、適当に「神様のしわざだぞ」と言ったわけではないのです。村人に該当者がいないため、もう他に選択肢がなくなったわけです。だからこそ、「毎日お礼を言うがいいよ」とまでアドバイスしているのです。これは本気で言っている、加助の言葉です。

そんな加助が、兵十に言われた言葉があります。

「ほんとだとも。うそと思うなら、あした見に来いよ。そのくりを見せてやるよ。」

ここまで兵十のことを考えている加助なら、兵十の家に行きますよね。「あした」というのは、ごんが撃たれる日のことです。

加助は、兵十がごんを撃った後に家に行ったでしょう。すると兵十は、話ができます。

「お前が昨日、神様のしわざだと言っていた話は、実はごんだったんだよ」

ごんは、村ではいたずら者で名が知れています。加助は、村の人たちにこの話をしたことでしょう。

「あのいたずらぎつねのごんが、兵十に、こんなことをしていたんだ」と。

(9) 兵十・加助から茂平おじいさんへ

そして、村人の間で話が伝わっていきます。村人から村人へ。大人から子どもへ。

こうして代々ごんの話は、この村で伝えられ、今、茂平おじいさんのところまできていました。その茂平おじいさんが、小さい「わたし」に語って聞かせてくれたのです。

ですから、ごんは、今ではもう「ひとりぼっち」ではありません。村人みんなの心の中に生きているのです。

『ごんぎつね』は、いたずらぎつねのごんが、兵十に撃たれるというだけの話ではないのです。村人の間で、大切に語り継がれてきている、きつねと人間の交流の物語なのです。

その作品全体のフレーム（枠組み）をつくっているのが、冒頭の一文なのです。語り手である「わたし」が、子どもである意味は、ここにあります。大きくなった「わたし」が、次の世代の子ども達（小学四年生の読者）に語ってくれているというわけです。

『ごんぎつね』という作品の謎が、解けてきたでしょうか?

二 フレームリーディングという考え方

かなりの紙幅を費やして、『ごんぎつね』について述べてきました。『ごんぎつね』は従来、場面ごとに分けて、ごんの気持ちの移り変わりを豊かに想像しながら読み進める作品として扱われてきました。しかし、いくら場面ごとに詳しく読んでいっても、作品全体を見渡し、そこに隠されている「伏線」をつなぎ合わせる読み方をしなければ、見えてこないものがあります。作品の構成や内容の全体を丸ごと読もうというのが、「フレームリーディング」の考え方です。

場面ごとにごんの気持ちを想像する読み方で授業を進めると、授業が進むにつれて、教師も子どもも疲れてきます。同じような手順で、書かれている内容をなぞるような読みの授業になるためです。「なぞるような授業とは何事だ! 子ども達は豊かにごんの気持ちを想像しているぞ」とおっしゃる人もいるかもしれません。しかし、もう一度確かめてみてください。この作品の中に、ごんのセリフはいくつありますか。

登場人物かそうでないかを見分ける目印として、セリフがあるかないかで判断しましたよね。ごんは、「」(かぎ括弧)があるので、とりあえず登場人物として認定していましたが、あらためて見直してみましょう。ごんの「　」を。

地の文に、何回出てきますか？

実は一度も出てこないのです。「ごんは、言いました。」「ごんは、考えました」「思いました」という叙述だけです。つまり、ごんの「　」は、すべてごんの心のつぶやき、つまり気持ちなのです。

こんなにいろいろとごんの気持ちが語られているのですから、それ以上の想像はなかなかできませんし、もしかしたらする必要がないのかもしれません。このことを何時間もかけてやらなくてもいいわけです。

また、ごんの気持ちを追いながら作品を読み進めていくと、4と5の場面は、何となく読み飛ばされてしまいがちです。こんなに重要な場面なのにもかかわらず、です。ここが読めなければ、『ごんぎつね』を読んだことにはなりません。ごんの気持ちを想像しながら、場面ごとの読みをつなぎ合わせても、『ごんぎつね』という作品全体の読みにはならないのです。

場面ごとに分けて読む授業を図式化すると、次ページのAのようになるでしょう。

作品の伏線は、展開にしたがって横にはりめぐらされます。ごんに関する伏線、兵十に関する伏線、兵十と加助の関係についての伏線など、さまざまな伏線が、物語の冒頭から結末に向かって、横に流れていきます。その伏線をつなぎ合わせると、一つの解釈が生み出され、作品が「読めた」「分かった」となるわけです。

ところがそれを場面ごとに縦に区切ってしまうと、はりめぐらされている伏線が、ぶつ切りになってしまうことが分かります。場面ごとに寸断されてしまうわけです。

A

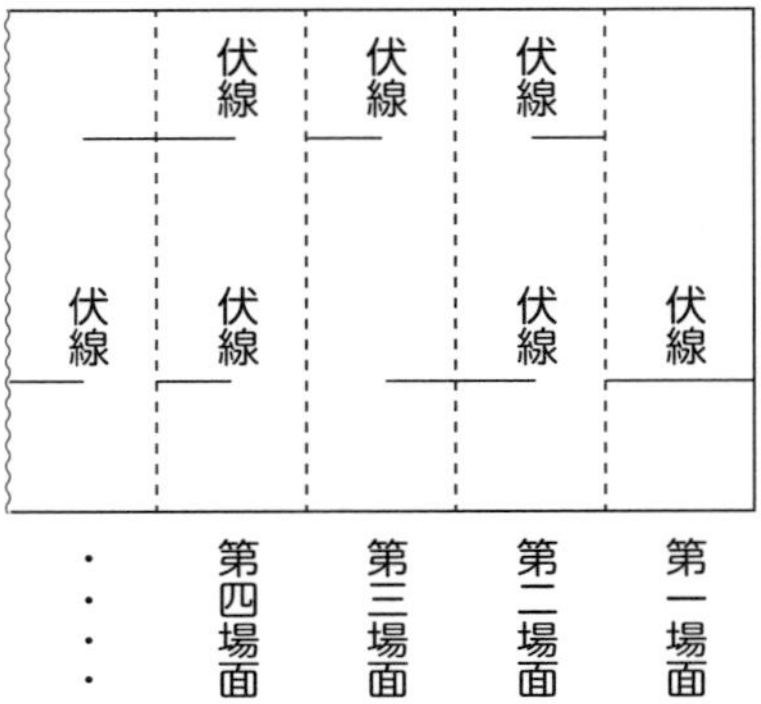

B

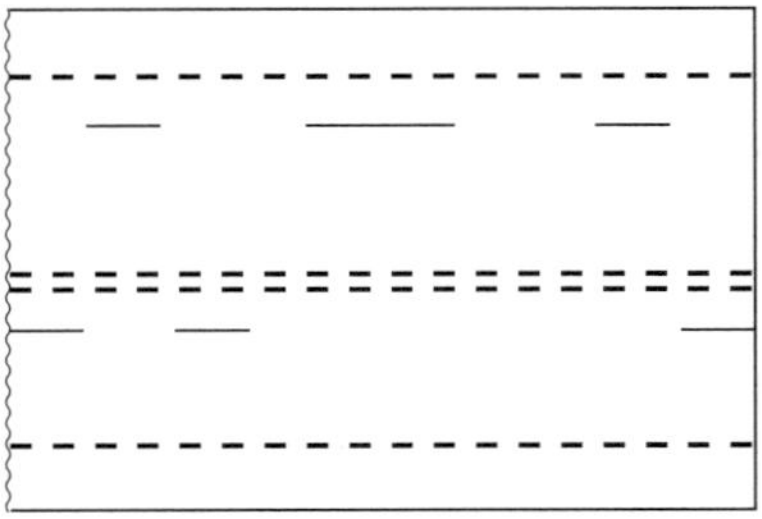

フレームリーディングは、視点をもって作品を横に読み進めようというBのイメージに近いものがあります。

兵十に関する叙述を、場面ごとに区切るのではなく、作品全体の流れの中から見つけ出してつなぎ合わせていくというような読みの手法です。

注意すべきは、フレームリーディングは、「読み方」そのものではないということです。文章全体を丸ごと読むという発想、考え方であるので、具体的な読みの方法にはさまざまなものが考えられます。

「このように読むのがフレームリーディングである」という、読み方の公式などないのです。具体的な読み方の例は、以下第2章で、作品ごとに詳しく述べますが、それも、「このような発問で読まなければならない」というようなものではありません。あくまで一例です。

三　フレームリーディングと「深い学び」

(1) フレームリーディングの三つのステップ

フレームリーディングによる読みの学習については、三つのステップを考えています。

第一段階　作品の大まかなフレームをつかむ

物語の授業では、例えば、登場人物の人数を確認します。そのときに、だれが、どのような順序で登場したかを確かめるだけで、物語のおよその流れが見えてきます。例えば、出来事の数を数えます。『大造じいさんとガン』では、「大造じいさんが残雪をとらえるために、何回作戦を立てて実行したか」を数えると、その作品のおよそのあらすじが見えてくるわけです。『おおきなかぶ』では、セリフがいくつあるかを数えてみるのもいいでしょう。これだけで、作品のフレームがつくれます。

別の視点で読むこともできます。『お手がみ』で、がまくんは、最初と最後の場面で何が変わったかを考えます。物語では、最初と最後で何かが変わるというのがもっとも大きなフレームです。「最初こうだったものが、最後にはこのように変わっている」というように、最初と最後で変わったことをとらえると、そこにフレームができるわけです。反対に「変わっていないことは何かな」のような投げかけもできます。どちらも最初と最後を比べて読む読み方をさせていることになります。

このように、まずは、作品全体の大きなフレームをとらえることが大切です。

第二段階　必要に応じて詳細に読む

第一段階で文章の大枠をとらえたところで、次に、必要に応じて詳細に読みます。物語の最初から最後までを詳しく読む時間は取れませんし、従来のように場面ごとに区切って登場人物の心情を想像するような読み方では、教師も子どもも途中で息切れしてしまうことは経験上明らかなわけですから、そのような読み方はしません。それでも、言葉にこだわって、詳細に読み、自分の考えをつくる読みの学習は必要です。このような力も身につけなければなりません。

そこで、必要に応じて詳細に読む活動を仕組みます。

例えば、第一段階で、中心人物が、悲しい気持ちから嬉しい気持ちに変わったことが分かったとしたら、「では、作品の中の、どこで変わったのだろう」と考えさせればいいわけです。

これは、作品のクライマックスをとらえる読みの学習になります。すべての作品にクライマックスが描かれているとは限りませんが、「クライマックス場面」は描かれています。「クライマックス場面」とは、中心人物が大きく変容した場面です。その中で、もっとも大きく変容したことが分かる瞬間が「クライマックス」です。ですから、「クライマックス場面」は、範囲をもっており、「クライマックス」は「クライマックス場面」の中のある一点だということになります。

前述した『ごんぎつね』で、「兵十と加助の仲のよさが分かるところを見つけよう」というのも、全体のフレームをとらえた上での、第二段階の焦点化した読みということになります。

さらに、クライマックス場面が分かったところで、「この人物は、どのような気持ちでこのセリフを言ったのだろうか」などという課題での焦点化も考えられます。全体のフレームを受けて、必要に応じて文章に切り込んでいくわけです。

理想的なのは、フレームをとらえた子どもが、第二段階に向けての、詳しく読みたいという課題を自ら設定することです。課題設定能力は、これからの言葉の学びをつくり、言葉の力を伸ばすために欠かせない力ですが、今までの授業実践では十分に育てることのできなかったものであると考えます。

第三段階　フレームを見直して主題をとらえる

第三段階での読みを、再び全体に返し、作品全体を深化させてとらえ直す段階です。

『海の命』では、「題名にある『海の命』とは、何だろうか」というように、題名と関連させて全体をあらためてとらえ直す学習や、「太一が生き方を変えたことで、守られた『海の命』はいくつあるか」などと問いかけて考えさせる学習が、第三段階のフレームリーディングです。

この段階では、作品全体のフレームを子どもがとらえ直し、作品の主題を言葉で表現します。「主題」とは、「読み手である自分自身が、作品から受け止めたもの」と定義します。「読み手が受け止めたもの」ですから、同じ読み手であっても、そのときの年齢や状況で、受け止めるものは変わってもいいのです。小学校四年生で受け止めた『ごんぎつね』の主題と、大人になってから受け止めた主題が変わるのは自然なことです。読み手の成長にともなって、あるいは生き方の変化にともなって、作品から受け止めるものは変わります。

『海の命』の主題も同じです。六年生の子どものときに受け止めた主題と、自分が親になってから受け止める主題は当然違うでしょう。主題は、読み手と作品の間でつくられます。その主題を、そのときの自分の言葉で表現するのが、第三段階のフレームリーディングです。主題は、高学年になってから学ぶものではありません。取り立てて学ぶのは、学年が上になってからですが、一年生のときから、その意識はもたせます。もちろん、「主題を書きなさい」というような乱暴なことはしません。別の形で、結果的にそれが主題意識につながるであろうという学習活動を仕組みます。これは、第2章の実践編を参照してください。

以上のように、フレームリーディングは三つのステップで読むという流れを考えています。最終的には、自分の読みをしっかりとつくり、それを表現できることを目指しているのです。

フレームをとらえ、そこからポイントを絞って内容を詳細にとらえ、それを再び全体に返していくという、この読みのプロセスは、これからの時代を生きる上で必要な読み方、学び方につながっていると考えます。

（2）これから求められる「深い学び」

「読むこと」における、「深い学び」とは、どのようなことを指すのでしょうか。これが分かれば、これからどのような授業を考えていけばよいのかが分かります。

文部科学省が示した「読むこと」の学びのステップは、次のようになっています。

学習目的の理解（見通し）

選書（本以外も含む）→構造と内容の把握→精査・解釈→考えの形成

他者の読むことへの評価、他者からの評価

自分の学習に対する考察（振り返り）

次の学習活動への活用

読むことの柱となる学習活動は、「構造と内容の把握」「精査・解釈」「考えの形成」の三つです。これはまさに、フレームリーディングの三つのステップと重なります。

「構造と内容の把握」は、文章のフレームをとらえる第一段階のフレームリーディングに対応します。ここで、物語のあらすじや、大まかな起承転結などの流れをとらえることになります。「精査・解釈」は、子どもの問題意識に応じた詳細な読みです。課題解決のために、叙述を精査し、自分の読み（解釈）をつくり出すわけです。最終的な「考えの形成」は、第三段階のフレームリーディングで、第二段階を経て、あらためて作品全体をとらえ直し、自分なりの主題を表現する段階と対応します。

大きなポイントとなるのは、文学的な文章を読む学習であっても、そこで行われるのは、「創造的思考」であるということです。ここに、今までの授業と大きく異なる位置づけ、読みの授業の在り方が示されていると考えます。

従来行われてきた授業は、「第一場面のごんの気持ちを想像しましょう」というような内容でした。これは、叙述を確認する、なぞり読みの域を出ないものです。

「それは違う。ちゃんと言葉をもとに、書かれていないことをイメージして豊かに想像しているではないか」という人もいるかもしれません。しかし、ごんの「　」を見てください。これは、前述したようにセリフではありません。すべてごんの気持ち、ごんが考えたことです。そこから、あらためてごんの気持ちを想像しても、それは書かれていることをなぞっていることの範疇を越えないのです。

想像と創造は違います。創造は、そこになかったものをつくり出すことです。文学的文章の読みでは、書かれていないものを、書かれている叙述を根拠にしながら生み出していく、つくり出していくものです。紡ぎ出すと言ってもいいかもしれません。あくまでも、書かれている言葉を手がかりにしながらです。そうした読みを生み出す過程こそが、「深い学び」につながります。書かれていることを確認するだけの読みでは、「深い学び」にはなりません。

言い換えると、「深い学び」につながる「創造的思考」をするためには、物語の「伏線」を見つける力が絶対に必要なのです。「伏線」をつなぎ合わせることで、見えなかったものが見えてきます。

「伏線」をつなぎ合わせずに自分の読みを創造することは、勝手な空想を広げることにつながり、それではその作品を読んだことになりません。

そして、その「伏線」を見つけ出すためには、文章を丸ごと読むフレームリーディングが必要なのです。

創造的思考は、論理的思考と密接に関連しています。物語作品において、「伏線」をいかに見つけ出すか、そして見つけ出した「伏線」をいかにつなぎ合わせるか、さらに、つなぎ合わせた「伏線」から、どのような解釈をつくり出すか、そうした力が、これからよりいっそう求められていくわけです。

さらにいえば、「伏線」をつなぎ合わせて、見えなかった解釈を創造するためには、そこに「構造化」が必要になります。「伏線」をどのように組み合わせてつなげるかということですから、「構造化」も、全体が見えていなければすることができません。ここにも、やはりフレームリーディングの考え方が必要になるのです。

(3) 国語科で育成すべき資質・能力に培うフレームリーディング

教科の枠を越えて育成すべき資質・能力は、次の三つの柱で示されています。

◆知識・技能

◆思考力・判断力・表現力等

◆学びに向かう力・人間性等

この中で、「思考力・判断力・表現力等」の項目の中に、「情報を多面的・多角的に精査し構造化する力」という項目があります。これからの「読むこと」の授業で、私はもっとも重視されるべき力であるととらえています。情報を多面的に精査するとは、一つの情報を様々な角度から意味づけすることであり、多角的に精査するとは、ある情報を多方面に広げることであると考えます。『ごんぎつね』の1の場面で書かれている「兵十が魚を捕っている様子」は、ある面では兵十の人柄を表しているものでもありますし、別の視点から見れば、ごんの思い込みの原因としてとらえることができます。こうした読み方を学ぶことで、子どもは、言葉のもつ論理性や多面性を学び、言葉の面白さを実感していくのです。言葉のもつ論理性や多面性の実感は、言葉に対するメタ認知を育てることでもあります。

資質・能力を掘り起こし、育てるという視点でとらえると、物語の読みの授業は大きく変わるはずです。新しい授業をつくる上でのヒントになるのが、フレームリーディングという考え方なのです。

引用：新美南吉「ごんぎつね」『国語　四下　はばたき』（光村図書・平成27年度版）

第２章

文学教材を
フレームリーディングで読む

おおきなかぶ

この作品でとらえたいフレーム

繰り返しの構造をとらえる

一年生の物語を読む学習で最初の段階に出会うのが、この『おおきなかぶ』です。元気よく声に出して読みながら、作品世界を楽しむことが大きなねらいになりますが、国語の力として、基本的な学習用語を学んだり、「読み方」そのものを学んだりする出発点でもあります。

この作品は、長い間、多くの教科書に掲載されてきています。それだけ作品に「学ぶ価値がある」ということなのでしょう。

フレームとして大切なことは、「繰り返し構造」であるということです。「繰り返し」というフレームは、低学年で身につけるべき重要なものです。

第一段階のフレームリーディング

発問

このお話の絵を描きましょう。

「絵を描きましょう」は、指示であって、発問ではありませんよね。しかし、ここでは、あえて「発問」に位置づけておきます。その意味は後ほど説明します。

子ども達は、お話の絵を描くことが好きです。『おおきなかぶ』という物語自体、それほど長くなく、前述したように「繰り返し」の構造をもっているので、ストーリー自体は単純です。いろいろな動物たちも登場するので、子ども達は喜んで絵に描きます。例えば、次のような絵を描きました。

さて、この絵は、描いて終わりではありません。ここからが、大切な国語の学習です。

登場人物をとらえる

おおきなかぶ

おはなしにでてくるひと

おじいさん
おばあさん
まご
いぬ
ねこ
ねずみ

かぶ

でてくるひと↓

とうじょうじんぶつ

T：このお話に出てきた人は何人ですか？

C：三人です。

C：六人です。

C：七人です。

T：三人というのは、だれとだれとだれですか？

C：おじいさんと、おばあさんと、まごです。

C：でも、かぶを引っぱったのは、その三人だけじゃないよ。

T：みんなは、前の時間に絵を描きましたよね。そこには何人が描かれていますか？

C：三人と三びきと、かぶです。

T：お話に出てくる人は、人間だけとは限らないよね。うさぎさんやくまさん、きつねさんが出てくるお話もあるでしょ？
このように、お話に出てくる人を、「登場人物」

といいます。登場人物は、人でなくても、人と同じように「○にん」と数えますよ。

「登場人物」は、幼稚園・保育所の劇遊びで、耳にしている子どもも少なくありませんので、ここで指導することができます。

C：先生、かぶは、登場人物ですか？

T：登場人物の目印は、「セリフ」があるかないかです。かぶは、何か言葉をお話ししていますか？

C：していません。

T：では、かぶは、登場人物には入れません。ねずみには、セリフがありますか？

セリフの目印は、「　」（かぎ括弧）ですよ。

T：では、次は、登場人物に本当にセリフがあるかどうかを確かめましょう。

セリフはいくつ？

「うんとこしょ、どっこいしょ。」
「うんとこしょ、どっこいしょ。」
「うんとこしょ、どっこいしょ。」
「うんとこしょ、どっこいしょ。」
「うんとこしょ、どっこいしょ。」

セリフはぜんぶで六つある。

登場人物……物語に出てくる人や物。セリフがあるかないかが第一段階の目印。

第二段階のフレームリーディング

発問　だれのセリフ？

第一段階のフレームリーディングで、登場人物の大枠をとらえました。第二段階では、一つ一つのセリフを、だれが言っているのかを確かめていきます。そのことから、かぶにはセリフがないので、登場人物には入れないということがはっきりします。

おおきなかぶ

「うんとこしょ、どっこいしょ。」

「うんとこしょ、どっこいしょ。」

「うんとこしょ、どっこいしょ。」

だれのセリフか確かめる

T：セリフは、いくつありますか。
C：六つです。
T：一つ目のセリフは何ですか？
C：「うんとこしょ、どっこいしょ。」です。
T：二つ目のセリフは？
C：「うんとこしょ、どっこいしょ。」
T：三つ目は？
C：全部、「うんとこしょ、どっこいしょ。」だよ。
T：六つとも「うんとこしょ、どっこいしょ。」？
C：そうです。

「うんとこしょ、どっこいしょ。」

「うんとこしょ、どっこいしょ。」

「うんとこしょ、どっこいしょ。」

T：じゃあ、だれが言っているセリフか分からないね。困ったな。

では、一つ一つ、だれが言っている「うんとこしょ、どっこいしょ。」か、確かめていきましょう。

一番はじめの「うんとこしょ」は、だれが言っているのかな？

C：おじいさんです。

T：では、二番は？

C：おばあさんです。

C：おじいさんだって言ってるよ。

C：二人ともじゃない？

T：そうだね。同じ「うんとこしょ」でも、それを言っている人は、二人に増えているね。

C：じゃあ、最後は、ねずみも入ってる！

T：そうだよね。最後の「うんとこしょ」は、ねずみも言っているだろうね。

C：だから、セリフを言っているのは六人だ。

第三段階のフレームリーディング

発問 なぜ、最後に小さなねずみを呼んできたのかな?

最後は作品の主題を考えさせます。もちろん、一年生の子どもに「主題」という言葉は出しません。それでも、主題に通じるような、全体をとらえ直す読みの活動は必要です。

一年生に主題をとらえさせる手立ての一つに、「作品の絵を描く」ことがあると考えています。『おおきなかぶ』で主題に迫る学習では、特に有効な手立てになります。そして、発問です。発問によって、この作品の意味をより深く考えさせます。

おおきなかぶ

どうしてさいごにねずみを
よんできたのかな?
みんなで力《ちから》をあわせたから
ぬけた

主題を考える

T：かぶがなかなか抜けなかったのに、どうして最後に一番小さなねずみを呼んできたのだろう。くまの方がよかったんじゃない?

C：くまなんていないよ。

C：このお話に出てきてないし、いたら大変。

T：ねずみよりも、大きくて、力持ちを呼んできた方がいいんじゃないの?

C：ねずみは小さいけれど、みんなで力を合わせれば、

みんないっしょにくらしているなかま
←
だからよんできた

かぶは抜けるんだよ。

Ｔ：力を合わせることが大切なんだね。みんなが、最初に描いてくれた絵の中で、ねずみはどこにいるかな?

Ｃ：ねずみさんの家にいるよ。

Ｃ：おじいさんとおばあさんの家に、一緒に住んでいるよ。

Ｃ：犬も、ねこも、ねずみも、みんな一緒に暮らしている仲間だから呼んできたんだよ。

子どもにとっては、犬も、ねこも、ねずみも、共に生きる運命共同体なのです。だからこそ、犬がねこを呼び、ねこがねずみを呼ぶのです。子どもの描く絵は、それを自然なこととして受け止めている証拠です。人も動物も、同じ恵みを分かち合う存在なのです。

お話を読んだり聞いたりして、絵を描くという活動はよく行われますが、その絵の中に、子どもが作品をどのように受け止めているかが描かれています。それを授業で有効に使うことで、作品の主題に触れることにつながり、作品の読みがより深くなります。

一年生
二年生
三年生
四年生
五年生
六年生

お手がみ

この作品でとらえたいフレーム

物語の最初と最後で何が変わったかをとらえる

低学年の物語を読む一番大切な骨格部分を学ぶことのできる作品です。物語は、作品の最初と最後では何かが変わります。変わるものはそれぞれ作品ごとに異なりますが、何かが変わるのが物語であるという、もっとも基本的なフレームをこの学習材で学ばせることができます。

第一段階のフレームリーディング

発問　**お話に出てきた人は何人?**

物語を読む学習で、まずは登場人物を確認します。登場人物の中のだれかが変わることが多いからです。『お手がみ』は、登場する人物がはっきりしていますので、この作品で、「お話に出てくる人＝登場人物」という学習用語を学ぶと、混乱がなくていいと思います。

作品を一度通読します。教師が判読してもかまいません。最初から最後までをひと通り読んで聞かせることで、大まかな内容を子ども達全員につかませます。
その後で、題名と作者名を確認します。用語としてまだ教えていなければ、ここで教えます。

（だいめい）
お手がみ
アーノルド＝ローベル
（さくしゃ）

とうじょうじんぶつ

がまくん
かえるくん
かたつむりくん

T：『お手がみ』というのは、このお話の題名だよ。前に読んだ『おおきなかぶ』というのも題名だね。
T：アーノルド＝ローベルさんというのは、このお話をつくった人の名前です。お話をつくった人のことを「作者」というよ。

学習用語は、こちらから伝えるしかありませんから、板書で示しながら、教えます。

T：お話に出てきた人は何人かな？
C：三人です。
T：出てきた順番に教えてくれる？
C：がまくん。
C：かえるくん。
C：かたつむりくん。
C：（板書を見て）どうして、かたつむりくんだけ、はなれてるの？
T：いいことに気がついたね。どうしてだと思う？

物語を読むときに、低学年では「順序」が一つのキーワードになりますから、「お話に出てきた順番で登場人物を教えて」と投げかけます。

さらに、子どもが発言した登場人物を、ただなんとなく並べて書くことはしません。ここですでに、「作品の構造化」を意識しているのです。三人しかいない登場人物を板書するのに、意図的に配置して書くことで、子どもに作品の流れを意識させます。

T：どうして、先生は、かたつむりくんを離して書いたんだろう？　先生の気持ちが分かりそうな人？

C：かたつむりくんは、ちょっとしか出てこないから。

C：かたつむりくんは、お話の後ろのほうになって、やっと出てくるから？

T：本当に後ろの方にしか出てこないかな？

このように尋ねるだけで、子ども達は、もう一度自分から確かめるために作品を読み始めます。

C：最後の方に、かえるくんのお手紙をがまくんに届けに来た。

T：そうだね。よく見つけたね。かたつむりくんは、お話の後ろの方に少し出てきただけなんだね。

T：お話に出てくる人のことを、「登場人物」と言うよ。

そして、黒板の上の方のスペースに、「とうじょうじんぶつ」という用語を書きます。

この言葉を書くスペースも、意図的に空けておき、四角い線で囲んでおいたりすると、子どもは、そこにも着目しますね。

板書は、これから子ども達に何を学ばせるかということに応じて、最初から意図的に書かれていることが理想的です。黒板によって、子どもに自分自身の学びを可視化させます。

発問

主役はだれ？

登場人物がはっきりして、話の内容がおよそ見えてきたところで、次に中心人物の学習にうつります。子どもはまだ、「中心人物」という用語は知りませんから、「主役」という用語から使いはじめます。「主役」という言葉には、子ども達はなじみがあります。幼稚園や保育所では、「劇遊び」は大抵行われます。その劇遊びの中で、「主役」という言葉は出てきます。ですから、子ども達は、「主役」という言葉は聞いたことがあるわけです。

まずは、幼稚園や保育所での経験のすり合わせです。

T：「主役」って何？

子ども達は自分の経験をもとに説明します。

C：劇のはじめから終わりまで出ている人。

C：劇の中で活躍する人。

C：主人公？

T：「主人公」という言葉も知っているんだね。「主役」と「主人公」って同じなのかな？

C：同じだよ。

C：分からない。

T：似ている言葉がいろいろあると分かりにくいから、これからの国語の勉強のときは、一つにそろえるよ。今まで「主役」とか「主人公」と言ってきたものは、これからは「中心人物」と呼ぶよ。

そして「ちゅうしんじんぶつ」と板書します。

Ｔ：中心人物は、お話の中で、大きく変わる人物だよ。

学習用語とその定義は、こちらで必要に応じて教えていきます。

ここで、学習用語について、低学年レベルの説明の言葉で整理しておきます。

作者…………お話をつくった人
題名…………お話のなかみをあらわしたもの
登場人物……お話に出てくる人
　※登場人物に入れるか入れないかの目印は、「セリフ」があるかどうか
　（とりあえず、「一番分かりやすい目印」を伝えておきます）
中心人物……お話の中の主役
　お話の中で、大きく変わる人物

国語科は、究極の繰り返し教科です。物語は毎年読んでいきますよね。それぞれの学年で、さまざまな作品に出会うわけです。そのたびに、物語の読み方がバージョンアップしていくのです。新たな学習用語も学びます。同時に、今まで学んできた学習用語の定義の更新も行われることになります。

こうしたことを繰り返しながら、子ども達に「読み方」を教えていくのです。

これは説明的文章についても同じです。

第二段階のフレームリーディング

発問 お話のはじめと終わりで、何が変わったかな?

お手がみ

アーノルド＝ローベル

ちゅうしんじんぶつはだれ？

がまくん

お手がみをもらったことがない

かなしいとき ←

ふしあわせな気もち ←

←

お手がみがもらえる！

しあわせな気もち

とてもよろこびました

T：中心人物を確かめるために、物語のはじめと終わりで何が変わったかを読みましょう。何か変わったことはあるかな?

（時間を取って、読み比べさせる）

C：最初は、がまくんは悲しかったけれど、最後はうれしくなっています。

T：最初は、悲しかったの?

C：うん。だって、がまくんは、今まで一度もお手紙をもらったことがなかったから。

T：悲しいって書いてある?

C：「かなしいとき」って書いてある。

C：あと、「ふしあわせな気もち」って書いてある。

T：ふしあわせって、どんな気持ちなんだろう?

C：いやだなあとか、悲しいなあとかいう気持ち。

C：でも、最後には、お手紙をもらえた。
C：だから、最後はうれしい。
T：うれしいって書いてある？
C：「とてもしあわせな気もち」って書いてある。
C：あと、「手がみをもらって、がまくんはとてもよろこびました」って書いてある。

子ども達とのやりとりは、あくまでも、本文の叙述に即して行い、正確な文言を板書します。それが、言葉にこだわる子どもを育てます。

T：がまくんは、どんなお手紙をもらったの？
C：親愛なるがまがえるくんへ……（以下、手紙の内容を確認）。
T：「親愛なる」ってどういう意味だろう？
C：「大好きな」っていう意味かな。
C：お友だちのかえるくんから、うれしいお手紙がもらえたから、がまくんはしあわせな気持ちになった。

第三段階のフレームリーディング

発問 変わったのはがまくんだけかな？

フレームリーディングは、三つのステップで考えています。第一段階のフレームリーディングで、作品の枠組みをとらえます。第二段階のフレームリーディングでは、必要に応じて詳しく読解し、内容を掘り下げます。そして第三段階のフレームリーディングでは、第二段階の内容を踏まえて、あらためて作品全体のフレームを見直します。

がまくん

お手がみをもらった
　ことがない
かなしいとき
ふしあわせ気もち

→

お手がみがもらえる！
しあわせな気もち
とてもよろこびました

かえるくん

二人とも
かなしい気分
かえるくんも
かなしい

→

二人とも
しあわせな気もち
がまくんが
よろこんでくれた

T：変わったのはがまくんだけかな？
C：かえるくんも変わっているよ。
C：だって、「二人とも」って書いてあるから。
T：でも、お手紙をもらったことがないのは、がまくんだよね。どうしてかえるくんまで悲しいんだろう？
C：仲良しのがまくんが悲しいから、自分も悲しくなったんだよ。
C：かえるくんはやさしいから、がまくんの気持ちが分かるんだよ。
T：そうすると、中心人物は、がまくんだけじゃないね。

中心人物は、一人とは限りません。この作品のフレームリーディングを通して、作品の読み方がバージョンアップしたことになります。

スーホの白い馬

この作品でとらえたいフレーム

物語の伏線をとらえる

物語はすべてがつながっています。解釈をつくり出す手がかりを「伏線」といいます。伏線をつなぎ合わせると、作品の中で、どことどこがつながっているかが見えてきます。このつながりを見つけることこそが、物語を読むことの面白さです。一読しただけでは見えていなかった伏線を見つけ出し、それをつなぎ合わせる読み方こそ、「謎解き」なのです。

第一段階のフレームリーディング

発問 主な登場人物は何人？

登場人物について、「何人ですか？」と問いかけると、子ども達は、正確な人数を数えなければならないことになります。「主な登場人物は何人？」と教師が尋ねたら、子どもは、「主な」に当てはまる人と、当てはまらない人とを振り分ける必要があります。登場人物に入れるか入れないか微妙な立場のものが出てくる場合や、重要な役割をもっていないと考えられる人物がいる場合は、「主な登場人物は？」と尋ねるとよいでしょう。『スーホの白い馬』の主な登場人物は四人と考えられます。

発問 **中心人物はだれ？**

T：主な登場人物は何人ですか？
C：四人です。
C：スーホ、白馬、おばあさん、とのさまです。
T：この中で、中心人物はだれですか？
C：スーホです。
C：最初は連れて帰ってきた白馬と一緒に仲良く暮らしていたけれど、とのさまに連れて行かれてしまって、最後には白馬が死んでしまったから。
C：幸せから、悲しみに変わった。
T：最後は悲しみだけかな？
C：いろいろな思い出を思い出しながら、馬頭琴を弾いていると思います。
T：まずは、スーホがどのような人物か、確かめましょう。

スーホの白い馬
おおつか　ゆうぞう

主な登場人物
スーホ、白馬、おばあさん、とのさま

スーホはどんな人物？
・まずしいひつじかいの少年
・年とったおばあさんとふたりきりで、くらしていた。
・よくはたらく（大人《おとな》にまけないくらい）
・歌がうまい（ひつじかいたちからたのまれて歌う）

発問　場面の数はいくつ？

時を表す言葉に着目すると、場面の数が分かります。低学年では、時を表す言葉を見つけ、場面に分ける力をつけるとよいでしょう。

教科書 p.101 の挿絵を掲示

場めんに分けよう

◆ある日のことでした

スーホが白馬をつれて帰る

（日は、一日一日と……）

◆あるばんのこと

白馬がおおかみからひつじをまもる

（月日は、とぶようにすぎて……）

教科書 p.103の挿絵を掲示

◆ある年の春

けい馬の大会

ゆうしょうしたのに、とのさまに白馬をとられてしまう。

場面分けには、「時・場・人物」が目印になります。「時」が変われば、場面が変わります。朝の場面から、夜の場面へ、夏の場面から冬の場面へというように。

また、「場」が変われば場面が変わります。「場」とは、舞台のようなものです。家の中の場面から公園の場面へ、海にいる場面から山にいる場面へといった感じです。

「人物」も、場面分けの目印の一つです。『おおきなかぶ』のように、人物が増えれば場面が変わることもありますし、その逆もありますね。

物語は、基本的に「起承転結」という四つの大きな流れに分けられたり、「序破急」という三つの展開にまとめることができたりします。

◆そこで、ある日のこと
白馬がとのさまからにげ出す
スーホの家に帰ってきた
◆そして、つぎの日
白馬がしんでしまう
（スーホは、いくばんも
ねむれませんでした）
◆やっとあるばん
白馬がスーホのゆめに出てきた
自分の体でがっきを作ってほしい

教科書
p.110の
挿絵を掲示

馬頭琴の
挿絵を掲示
← 馬頭琴《ばとうきん》

スーホは、どこへ行くときも、もっていった。
◆やがて
馬頭琴《ばとうきん》がモンゴルに広まる

場面の移り変わりを、上のように板書で整理すると作品全体のフレームを把握しやすくなります。時を表す言葉だけではなく、その時に合わせて、どのような出来事があったのかを、子ども達と一緒に考えると、それぞれの場面に小さな題名（小見出し）がつけられます。

場面ごとに小見出しをつけながら読むと、全体の流れが、ひと目で分かるようになります。

また、「構造化」を意識すると、それぞれの場面を並行に横一列に置くのではなく、冒頭場面から展開場面、山場の場面、終末の場面と、山のように高さを変えてレイアウトするような工夫もできます。

低学年の子ども達にクライマックスを読み取らせるのは難しいことですが、低学年のうちから、作品構造を板書で示していると、その構造が頭に入っていきます。やがては、作品の構造を自分自身でノートに書けるようになっていくことでしょう。

大切なことは、教師が、構造化を意識した板書を日々しているかどうかです。
この作品を通して学ぶ学習用語は次のようになります。

場面……物語の舞台。場面に分ける目印は、「時を表す言葉・場を表す言葉・人物の人数や行動」。

第二段階のフレームリーディング

発問　白馬は、なぜスーホの夢に出てきたのか？

必要に応じて詳細に読むのが第二段階のフレームリーディングです。
この作品は、スーホの気持ちの移り変わりを想像しながら読むのに適しています。しかし、場面ごとに毎時間スーホの気持ちを想像すると、時間がかかりますし、子どもも教師も疲れてきます。その上、肝心な「伏線」が見えてきません。

第1章で述べたように、作品の「伏線」は、横につながって散りばめられています。それを、場面ごとに分けて読むのでは、「伏線」が分断されてしまって、つながらなくなってしまいます。これでは、謎解きができません。先に示した課題を解決する中で、子ども達は、スーホの心を詳しく想像することになります。しかも、場面と場面を関連付けて読む読み方もするようになるのです。

スーホの白い馬

「白馬は、なぜスーホのゆめに出てきたのか？」

・スーホがとてもかなしんでいるので、なぐさめようとして
・ずっとスーホといっしょにいたいから、ゆめに出てきて、がっきを作ってほしいと言った
・がっきになって、スーホとのやくそくをまもりたかった。

↓

スーホとのやくそく

「これから先、どんなときでも、ぼくはおまえといっしょだよ。」
※白馬は、やくそくをまもろうとしている。

T：白馬は、死んでしまった後に、どうしてスーホの夢に出てきたのだろう。
C：スーホがいくばんもねむれなかったから。
C：このままではスーホが病気になってしまうから、ねむってほしい。
C：楽器を作ってくれたら、スーホとこれからずっと一緒にいられるから。
C：スーホとの約束を守りたかった。
T：スーホとの約束って何だっけ？
C：ずっと一緒にいるという約束。
T：どの場面に出てきたかな？
C：おおかみから、ひつじを守った場面。
C：あ、そうか。これからどんなことがあっても、ずっと一緒だよって、スーホが言っている。
C：白馬は、スーホとの約束を守ろうとして、夢に出てきたんだ。
C：楽器になって、一緒にいたら、スーホもうれしいね。

第三段階のフレームリーディング

発問
なぜ白馬は、楽器になることを選んだのだろう。

T：白馬は、スーホと一緒にいるために、どうして楽器を作ってほしいと言ったのかな？広い草原なら、スーホの骨を使って、そりや馬車でもよかったのではないかな？
C：スーホといつも一緒にいるためには、小さい方が持ち運べていいから。
C：スーホが歌を歌うときに、使えるから。
C：そういえば、スーホは歌が上手だったよね。
C：白馬も、生きているときに、スーホの歌を聴いていたはず。
C：歌を歌うときに一緒に楽器で音が出せたら、白馬もうれしいよね。
C：スーホの歌声と一緒に、白馬の楽器の音も、他のひつじかい達に聞いてもらえる。

スーホの白い馬

白馬は、なぜ「がっき」を作ってほしいと言ったのか

・がっきなら、もちはこびやすいから
・スーホがいつでもどこにでも、もちはこびやすいから
・スーホが歌を歌うときに使ってもらえるから

↓

スーホは歌の上手な少年
スーホは歌がすき
だからがっきをえらんだ

学習のまとめとして

子ども達は、学習のまとめの活動として、相手を選んで手紙を書きました。手紙の書き方には三種類あります。一つは、スーホになったつもりで白馬に手紙を書く。もう一つは、白馬になったつもりで、スーホに手紙を書く。さらにもう一つは、読者としての自分が、登場人物のだれかに手紙を書く、というものです。

この三つの中から、どれか一つを選んで書くようにします。

手紙の内容が、今までに学んだことを生かしてのものであることが大切です。

わたしからスーホへ
白馬がしんでしまってかなしかったね。
でもこれからは、がっきとしていつでもいっしょにいられるね。だいすきな歌を歌うときに、いっしょにいられてうれしいね。

スーホへ
今まで大切におせわしてくれてありがとう。しんでしまったのはざんねんだけど、これからは、馬頭琴になって、ずっといっしょにいるよ。
いっしょにすてきな歌をうたおうね。

白馬へ
けい馬大会に行かなければよかったよ。ごめんね。
でも、帰ってきてくれてありがとう。ぼくとのやくそくをまもろうとしてくれたんだね。これからは、ずっといっしょだよ。

かさこじぞう

この作品でとらえたいフレーム

人物の設定・人物像をとらえる

登場人物がどのように描かれているかを読み取ることは、物語を読む上でとても重要です。なぜなら、物語には、人の生き方が描かれているからです。

低学年の作品を読む上では、はじめと終わりで何が変わったのかをとらえることはとても大切であると述べました。物語の中で、変わるものは、「気持ち」だけではありません。

『お手がみ』では、まずは、がまくんの気持ちが変わる物語として読めればよいでしょう。手紙をもらえなくて悲しい気持ちのがまくんが、最後には、かえるくんから手紙をもらえることになって、幸せな気持ちになったお話としてとらえられればよいということです。

『かさこじぞう』では、何が変わったかを考えてみましょう。じいさまやばあさまの人柄・人物像は変わっていませんね。二人ともはじめから終わりまで、お互いに優しく、また貧しさに負けない強さをもった人物として描かれています。物語の基本的な骨格として、何かが変わるということは述べてきましたが、変わらない部分もあるのだと言うことも分かります。これは、三年生で読む『モチモチの木』の豆太につながります。豆太は、腹痛のじさまを助けたい一心でふもとの医者様を呼びに行きます。このとき豆太は勇気をふりしぼるのですが、じさまが元気になると、また夜中にせっちん（トイレ）に行くのにじさまを起こす豆太に戻ってしまいます。この豆太を読んで、何も変わっていないととらえるのではなく、変わらない部分もあるのだととらえるのです。

では、『かさこじぞう』で、変わったことは何でしょうか。「お正月さんがござらっしゃるというに、もちこのよういもできんのう。」という貧しい暮らしぶりから、「よいお正月をむかえることができましたと。」というように、暮らしぶりが変わっています。注意すべきは、「お金持ちになった」わけではないということです。地蔵様は、じいさまとばあさまにお金はもってきていません。お正月用の食料などをもってきているだけです。それは、「貧しいけれども、決してそれに負けて悲しい気持ちになったりしていないじいさまとばあさま」が描かれていることとつながります。このように、変わっていることと変わらないことに着目して、人物の設定・人物像をとらえることが、作品を深く読むことになるのです。

第一段階のフレームリーディング

発問　**登場人物は何人？**

ここで問題になるのが、「地蔵様を登場人物に入れるか入れないか」ということです。低学年の子どもにとっては、地蔵様をじいさまとばあさまと同じようにとらえられるかというと、抵抗感をもつ子どもも少なくありません。一年生のときに、「登場人物かどうかを考える目印にはセリフ（会話文）がある」と学んでいる子どもでもそうです。

ですから、この作品でもう一度確かめることが大切です。

かさこじぞう

いわさき　きょうこ

とう場人ぶつ

じいさま

ばあさま

じぞうさま・・・歌をうたっている

六人と書いてある

（人間みたいにかぞえている）

（おかざりのまつを売っている人）

登場人物を確かめる

T：このお話の登場人物は何人ですか？

C：二人です。

C：三人です。

C：九人です。

T：バラバラですね。確かめましょう。

登場人物に入れるか入れないかの目印は何ですか？

C：会話文のかぎ括弧があるかないかです。

T：会話文のある人物は何人いますか？

C：三人？

C：地蔵様も歌っているんだから、セリフがあるってことじゃない？

C：最初は地蔵様は、雪の中で黙って立っているだけだよ。

岩崎京子「かさこじぞう」『ひろがることば　小学国語　２下』（教育出版・平成28年度版）

かさこじぞう

いわさき　きょうこ

しょうかいばめん

◆むかしむかし、あるところに、じいさまとばあさまがありましたと。たいそうびんぼうで……

◆ある年の大みそか

じいさまとばあさまはすげがさをあむ

◆大年の市

作ったすげがさが売れない

◆いつのまにか、日もくれかけ

◆町を出て、村のはずれの野っ原まで

じぞうさまにかさとてぬぐいをかぶせる

Ｃ：でも、最後の場面は歌っている。

Ｔ：歌はセリフの仲間にしましょう。

Ｃ：じゃあ九人だ。

Ｃ：おかざりのまつを売っている人は入れる？

Ｔ：おかざりのまつを売る人がだれかは分かりませんね。

（町の賑わいを表すかけ声の一つと考えればいいかもしれません。それでも、セリフには違いないので、子どもから意見として出された場合は、括弧付きで板書するという方法もあるでしょう。）

場面をとらえる

Ｔ：場面の数を数えてみましょう。

Ｃ：時を表す言葉があると、場面が変わります。

Ｃ：場を表す言葉で、場所が変わっています。

Ｔ：時を表す言葉は、いくつありますか？

Ｃ：「ある年の大みそか」と、「いつのまにか、日もくれかけました」「すると真夜中ごろ」。

Ｃ：場を表す言葉は、「町には、大年の市が立っていて」「町を出て、村のはずれの野っ原まで」「やっと安心して、うちに帰りました」がありました。

T：並べて書いてみると、「いつの間にか、日もくれかけ」と「町を出て……」のところは、並んでいるね。

C：「日もくれかけ」の方は、じいさまがばあさまのことを考えている間のことだから、前の場面に入ると思います。

C：でも、考えているうちに時間がたったんだから、もう次の場面になっていると思います。

T：ここは見分けがつかないね。両方書いておくことにしましょう。

T：最初の「むかしむかし……」は、一つの場面に数えますか？

◆やっと安《あん》心して、うちに帰りました

ばあさまにできごとを話す

◆真《ま》夜中ごろ

じぞうさまがやってくる

じいさまとばあさまは、よいお正月をむかえることができましたと。

終わりのばめん・けつまつ

C：これは、じいさまとばあさまの紹介だから、紹介の場面で数えます。

T：最後の一文はどうしましょう。

C：これは、「めでたしめでたし」の場面だから、これも入れます。

T：すると、全部で七つの場面になりますね。

第二段階のフレームリーディング

発問 なぜよいお正月が迎えられた?

物語の一番大きな骨格は、「あるもの・ことが、大きく変わる」ことです。ですから、低学年の子どもには、「何が、どのように変わったのか」をとらえさせることが一番大切になります。

この、「何が」をとらえさせるために、「登場人物」の確認が必要です。第一段階のフレームリーディングで、多くの授業が、登場人物を数える学習をするのはそのためです。物語の中で大きく変容するのは、大抵は登場人物だからです。

その上で、「どのように変わったのか」をとらえる読みの学習を行います。物語の最初と最後を読むと、そのことが確かめられるわけです。

こうした低学年のフレームリーディングを受けて、中学年では、なぜそのような結末になったのか、なぜそのように変わることができたのか(あるいは変わってしまったのか)という、因果関係をとらえるフレームリーディングを行います。もちろん、子どもの実態に応じて低学年で扱ってもかまいません。

この作品における大きな変容は、「はじめは貧しかったじいさまとばあさまが、最後にはよいお正月を迎えることができた」というものです。では、どうして、よいお正月を迎えることができたのか。このことを問うことによって、因果関係をとらえるフレームリーディングになります。

かさが売れなかったのに、なぜじいさまとばあさまは、よいお正月をむかえられたのか？

かさこじぞう

◆じいさまが……

・かさこをじぞうさまにかぶせてあげた

・じぶんの手ぬぐいもかぶせた（数が足りなくて）

・つめたいじぞうさまのかたやらせなやらをなでてあげた

じぞうさまにやさしくしてあげたから

▶▶因果関係をとらえる

T：かさこが売れなかったのに、なぜじいさまとばあさまは、よいお正月が迎えられたのかな？

C：お地蔵様が、いろいろなものをもってきてくれたから。

C：じいさまが、お地蔵様にかさこをかぶせてあげたから、お地蔵様がお礼をしにきてくれた。

C：かさこは売れなかったけれど、じいさまが優しかったから。

T：じいさまは、優しかったの？　それは、どこから分かりますか？

C：かさこを地蔵様にかぶせてあげたところ。

C：かさこの数が足りなくて、自分の手ぬぐいまで、六人目の地蔵様にかぶせてあげた。

C：ぬれてつめたくなった地蔵様の肩やら背中やらをなでてあげた。

なぜじぞうさまは、ばあさまもさがしているのか？

○かさこは、ばあさまもつくっている。
（こころをこめて）

○ばあさまもやさしいから
↑
・じいさまの体をしんぱいしている
・「それはええことをしなすった」
いやな顔ひとつしないで……
・もちつきのまねごと
（おこらない）

人物像を読む

T：じいさまが優しかったから、お地蔵様がいろいろともってきてくれたんだね。
では、なんで、地蔵様は、ばあさままで探していたのだろう？　地蔵様に優しくしてあげたのは、じいさまだけだよね？

C：そのかさこは、ばあさまも一緒に心を込めてつくったものだから。

C：ばあさまの心も入っている（かさこに）。

C：他にも、ばあさまの優しいところがあって、地蔵様はそれが分かったから。

T：ばあさまの優しいところがある？　では、それを見つけてみよう。

C：じいさまが帰ってきたときに、かさこが売れたかよりも、まずじいさまを心配している。

C：かさこを地蔵様にかぶせてきたとじいさまが言ったときに、「それはええことをしなすった」とほめている。

第三段階のフレームリーディング

発問　地蔵様は、なぜお金をもってこなかった？

第三段階のフレームリーディングは、今までの「全体のフレームの把握」→「必要に応じての詳細な読み」を受けて、あらためて作品全体をとらえ、作品の主題を考えたり、作品に対する自分の考えを明確にしたりする段階です。

この作品では、場面の移り変わりをとらえ、登場人物の人柄（人物像）を読みました。じいさまも、ばあさまも、貧しさに負けず、おおらかに、朗らかに、力を合わせて生きています。これこそ、この作品の主題につながるものでしょう。

ですから、地蔵様は、二人に「お金」を運んできてはいません。お正月を迎えるために必要な飾り物や食料だけです。じいさまとばあさまにとって、必要なものはお金ではないと考えたのでしょう。お金などなくとも、二人は幸せに生きていくと、地蔵様は思ったのでしょう。

このことに気づかせるために、子ども達に発問します。子ども達は、じいさまとばあさまのたくましさや慎ましさ、そして誠実な生き方を、二年生なりに感じ取っていきます。

まだ「この作品の主題は？」などという発問はしませんが、授業の中での問いに対して自分の考えをもつことが、作品の主題をとらえることにつながっていくことになるのです。

じぞうさまがもってきてくれたもの

米のもち、あわのもちのたわら
みそだる、にんじん、
ごんぼやだいこんのかます
おかざりのまつ

×お金

なぜ？

・お正月がすぎたら、また二人でがんばって
はたらきなさい
・いつまでもやさしく
・幸せにくらすためには、お金はいらない
（幸せはお金では買えない）

T：地蔵様は、どんなものを持ってきてくれたんだっけ？

C：米のもち、あわのもちのたわら。

C：みそだる、にんじん、ごんぼやだいこんのかますにおかざりのまつ。

T：お金はなかったんだね。大判小判を持ってきてくれればよかったのにね。なんでお金は持ってきてくれなかったのかな。

C：お正月が過ぎたら、また二人でがんばって働きなさいと思っているから。地蔵様が。

C：あまりお金持ちにしてしまうと、優しくなくなっちゃうから。

C：幸せに暮らすためには、お金はもういらないからかな。

モチモチの木

この作品でとらえたいフレーム

クライマックス場面をとらえる

物語は、作品の中で何かが大きく変わります。基本的には、中心人物が変わります。中心人物が変わる場面を、「クライマックス場面」といいます。このクライマックス場面をとらえる力をつけることができるのが『モチモチの木』です。

第一段階のフレームリーディング

発問　**中心人物はだれ？**

低学年で、「登場人物とは何か」について学んできました。その中で、もっとも大きく変容する人物が「中心人物」です。

中心人物は、低学年のうちは、「主役」という言葉を使うことが多くあります。「主役」という言葉は、幼稚園・保育所での「劇遊び」で使われているので、子ども達にとっては耳慣れている言葉なのです。その用語から始めて、どこかで、チェンジします。「今まで『主役』という言葉で言ってきたものを、これから『中心人物』と言うよ」というように、学習用語を置き換えるのです。

学習用語は、子どもの実態や発達段階にそぐわないものを無理に教え込んで使わせるべきものではありません。子どもが、文章を理解する上で必要な用語を適切に使いこなせることが大切です。ですから、六年間の成長の過程で、学習用語の更新（私はこれをバージョンアップと言っています）が必要になります。

国語科は究極の繰り返し教科ですが、その繰り返しの中で、少しずつ学習用語を増やし、さらに今まで使ってきた学習用語をバージョンアップさせていくのが授業の系統であると考えています。

モチモチの木

斎藤隆介

登場人物

豆太　……おくびょう（語り手が思っている）

じさま

医者様

▼中心人物と語り手をとらえる

T：この物語の登場人物は何人ですか？

C：三人です。

C：豆太と、じさまと、医者様です。

T：主役はだれ？

C：豆太です。

T：豆太はどんな人物ですか？

C：おくびょうです。

T：豆太をおくびょうだと言っているのはだれですか？

中学年では、「語り手」の存在を学習することも大切です。低学年のうちは、作者と語り手（話者という場合もある）は同じ、つまりイコールと考えてもかまいませんが、中学年になったら、作者と語り手は分けて考えます。物語作品は、「作者が語り手に語らせている」と考えるようにします。

ですからここでも、作者である斎藤隆介が豆太を臆病だと言っているのではなく、語り手がそう考えて語っているのだととらえます。

第二段階のフレームリーディング

発問　クライマックス場面はどこ?

中心人物が大きく変わった場面が、クライマックス場面です。物語作品の中には、必ずクライマックス場面が描かれます。その中の頂点、「中心人物がもっとも大きく変わったと分かる瞬間」を特に「クライマックス」と呼びます。ですから、クライマックス場面はある範囲をもち、クライマックスはその中の頂点（ある一点）である、という違いがあります。クライマックス場面は作品の中に描かれますが、クライマックスは「ここだ」とはっきり描かれない作品も多くあります。ですから、すべての授業で「クライマックスを見つけよう」という学習課題は成立しません。書かれていないものは見つけようがないのですから。作品によって、クライマックス場面を読む授業にするのか、クライマックスまで見つけさせる授業にするのかは、教師の教材研究次第です。

モチモチの木

斎藤隆介

■豆太はいつかわったか?

豆太がかわったと分かるところ

・「医者様をよばなくっちゃ。」

・小犬みたいに体を丸めて、表戸を体でふっとばして走りだした。

・ねまきのまんま。はだしで。

・豆太は、なきなき走った。

・いたくて、寒くて、こわかったから。

・でも、大すきなじさまの死んじまうほうが、もっとこわかったから、なきなきふもとの医者様へ走った。

・モチモチの木に、灯がついているのを見たとき

クライマックス場面をとらえる

T:豆太はいつ変わったのでしょう。

C:じさまが腹痛を起こしたとき。

T:どこから変わったと分かるかな? 証拠はある? 豆太が変わったのはいつか。その証拠を見つけましょう。

C:「医者様をよばなくっちゃ。」のところだと思います。

C:「小犬みたいに体を丸めて、表戸を体でふっとばして走り出した。」のところだと思います。「よばなくっちゃ。」は、まだ思っているだけだから。

T:本当に呼びに行ったのはここということね。

C:「豆太は、なきなき走った。」のところだと思います。ここで勇気が出せた。

C:でも、こわい気持ちはまだあったんでしょ?

C:こわい気持ちに負けないで走ったのは、「なきなきふもとの医者様へ走った。」のところです。

三年生にとって、クライマックスを特定するのは容易なことではありません。繰り返し学んでいく中で、クライマックスを特定できるだけの読みの力がついてきます。

ここでは、クライマックスを特定する前の段階として、クライマックス場面を読む学習をしています。クライマックスは、「でも、大すきなじさまの死んじまうほうが、もっとこわかったから、なきなきふもとの医者様へ走った。」のところでしょう。それまでは、無我夢中で外に飛び出した豆太が描かれています。ふと我に返ってみると、外は夜中だし、一面の真っ白い霜が足にかみついてくるしで、豆太は急にこわくなりました。それでも、その恐怖心に打ち勝って、ふもとの医者様を呼びに行ったところが、豆太がもっとも大きく変わったところです。

子どもには、まだクライマックスは特定しきれないかもしれませんが、教師の読みとしてクライマックスをとらえていることは必要です。

また、子どもによっては、「モチモチの木に灯がともっているところだ」という発言もあるでしょう。ここは、豆太が勇気を出した結果としてそのように見えたのだ、という解釈が成り立ちます。つまり、モチモチの木に灯がついているのを見た場面は、豆太が変容した後の場面ということです。

仮説をもとに読む

モチモチの木

斎藤隆介

じさまのはらいたはうそか？

←

ある子が質問してきました。

C：先生、なんでじさまは、豆太が見たことを知ってるの？

T：どういうこと？

なぜ豆太がモチモチの木に灯がついたのを見たことを知っているのか？

↓

もしもうそだとすると……

・豆太にゆう気を出してもらうためにわざとはらいたになった？

・じさまは、この日雪がふることを知っていた。（山に長年くらしているので、天気よほうができる）

・雪のふる日をえらんで、わざとはらいたになった。

・だから、すぐに次の日の朝になおった。

・だから、豆太が見たのを知っている。

C：じさまは腹痛でうなっていたはずなのに、なんで豆太がモチモチの木に灯がついたのを見たって知っているの？　じさまの腹痛はうそだったんじゃない？

T：豆太に勇気を出させるための？

C：そう。

T：そうだとすると、じさまがうそをついているという証拠を見つけないと。みんなで見つけてみる？

C：くまみたいにうなっていたじさまが、次の朝にはすっかり治って元気になっている。

C：じさまは、山の天気をよく知っているから、この日の夜に雪が降るのが分かっていたのでは。

C：それで、わざと、この日（霜月二十日）に山の神様の祭りがあるという話をした。

T：この日じゃなくてもよかったってこと？

「もしも、〇〇だとしたら……」という読み方は、実はとても大切な読みの方法です。仮説を立てて、それにつながる伏線を見つけ出していくのです。

この読みの方法は、四年生になって、『白いぼうし』を読むときなどに使えます。「もしも、松井さんの車に乗ってきた女の子が、白いぼうしから逃げ出したちょうだとしたら……」という仮説をもとに読むのです。そして、ちょうだから、こんなことができた、ちょうだからこんなことを言っている、という伏線をつなぎ合わせていきます。このような読み方で浮かびあがる伏線も、フレームリーディングならではということができます。

第三段階のフレームリーディング

発問　じさまにとって、「勇気」と「やさしさ」はどちらが大切？

作品の主題に迫るために、結末場面のじさまのセリフに着目します。じさまにとって、「勇気のある子ども」と「やさしささえあれば」という二つの言葉は、どのようにつながっているのかを、子ども達に考えさせます。それがこの作品の主題につながる読みをつくることになると考えます。

モチモチの木

斎藤隆介

▼作品の主題に迫る

T：じさまの最後のセリフに、「勇気」という言葉と「やさしさ」という言葉があるね。じさまは、どちらが大切だと思っているのかな？

C：どっちも大切だと思います。勇気だけあっても、だめなんだと思います。

C：私は、やさしさの方が大事だと思っていると考えました。やさしさがあるから、助けたいと思って勇気が出せるんだから。

C：ぼくも、やさしさが大切だと思っていると思います。「やさしささえ」の「さえ」は、他には何もいらないよという意味だと思います。

C：やさしさがあるから勇気が出せるのだと思います。

C：勇気があっても、やさしさは出せないのかな？

じさまは、
勇気
やさしさ
さえ
どっちが大切だと考えている？

どちらも大切
やさしさが大切

この学習で学んだ学習用語を整理しておきます。

語り手……物語などを語って進める人。物語の進行役。ナレーター。（作者とは分けて考える）

中心人物……作品に登場する人物の中で、もっとも大きく変容する人物。ただし、一人とは限らない。

クライマックス場面……中心人物がもっとも大きく変わった場面。

おにたのぼうし

一年生
二年生
三年生
四年生
五年生
六年生

この作品でとらえたいフレーム

対比の構造で作品を読む

物語の中には、さまざまな伏線が張り巡らされています。それらがつながると、作品が「読めた」「分かった」ということになります。見えていない伏線をつなぎ合わせ、自分なりの解釈をつくり出すことが、「創造的な読み」という行為だと考えます。

この作品では、冒頭場面と山場の場面に描かれている叙述を対比的にとらえて読むことで、解釈をつくり出します。

第一段階のフレームリーディング

発問

おにたは、どんなおに？

まずは冒頭場面から、中心人物の人物像をとらえます。登場人物は物語の冒頭場面で、人物が紹介（設定）されている場合が多いものです。冒頭場面で紹介されている人物をとらえておくと、それが最後にどのように変容するかが分かりやすくなります。

おにたのぼうし　あまんきみこ

登場人物　おにた・まこと君
　　　　　女の子・お母さん

中心人物
おにた　小さな黒おにの子ども
　　　　気のいいおに
↓
はずかしがり屋
・なくしたビー玉
・ほし物
・お父さんのくつ
↓
だれにも見えないように用心して
「人間っておかしいな。」……出ていく

人物像をとらえる

T：この物語の登場人物は何人ですか？
C：四人です。
C：おにた、まこと君、女の子、お母さんです。
T：中心人物はだれですか？
C：おにたです。
T：おにたは、どんなおにでしょうか？　物語のはじめの場面から、分かるところを見つけましょう。
C：気のいいおにです。
T：具体的には？
C：なくしたビー玉を、こっそり拾ってきてやりました。
C：にわか雨のときに、ほし物を投げこみました。
C：お父さんのくつを、みがきました。
T：他には？
C：はずかしがり屋です。
C：小さな黒おにの子どもです。

次に、結末場面を読み、おにたが最後にはどうなるかをとらえます。物語の冒頭場面と結末場面を読むことは、その作品の骨格をとらえる上で重要なフレームリーディングです。

▼結末場面を読む

おにたのぼうし

あまんきみこ

おにた……まこと君の家
←
女の子の家

いなくなった
・あったかい黒い豆
・麦わらぼうしが残っている

次の家に行く？

T：おにたは、最後はどうなるのかな？
C：いなくなっちゃう。
C：消えてしまいます。
C：豆になっちゃう？
C：麦わら帽子の下に、温かい黒い豆が残っていて、たぶん、おにたが、女の子のために豆に変身したのだと思います。
C：でも、おにたが黒い豆になりましたとは書いてないよ。
C：いなくなったことは、いなくなっている。
T：おにたがいなくなったことは、分かるね。どこに行ったかは書かれていないね。
C：また次の家を探しに行ったんじゃない？
T：なるほど、まこと君の家を出たときのように、次の家を探すかな？

第二段階のフレームリーディング

発問 まこと君の家と女の子の家で、何が違う？

まこと君の家で、おにたがどのようなことをしてきたかは、おにたの人物像をとらえる第一段階のフレームリーディングで読み取ってきました。

おにたは、とても恥ずかしがり屋なので、だれにも気づかれないように、こっそりと、人間に対して「いいこと」をしてきました。

それでも、人間はおにを忌み嫌って豆まきをします。おにたは、「おににも、いろいろあるのにな」と言いながら、まこと君の家を出ることにします。

次に入れそうな家を探しているうちに、おにたはある女の子の家を見つけます。その家は、ひいらぎも飾っていないし、豆のにおいもしなかったのです。

そこで、おにたは、その女の子の家に入り込みます。その家は、まこと君の家とはだいぶ様子が違っていました。

まこと君の家と女の子の家の様子の対比は、とても重要です。それまでだれにも見つからないようにしていたおにたは、とうとう女の子の前に姿を現します。

それでも、女の子は、「おにが来ないように豆まきをしたい」と言います。おにたは、まこと君の家を出て行くときと同じようなセリフを言って消えていきます。「おにだって、いろいろあるのに」

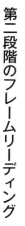

というセリフです。この二つのセリフに込められた、おにたの思いの違いを考えるのが、第二段階のフレームリーディングです。

おにたのぼうし

あまんきみこ

まこと君の家

・茶の間
・客間
・子ども部屋（大人の部屋）
・台所
・げんかん
・手あらい
・物置小屋

なくしたビー玉
ほし物
お父さんのくつ

「おににも、いろいろあるのにな。」

対比的に読む

T：まこと君の家でしたことと、女の子の家でしたことと、同じところを見つけよう。
C：どちらの家でも、人間を助けようとしています。
C：出ていくときに「おにだって、いろいろあるのに」と言っています。
T：似たところがあるね。では、違いはあるかな?
C：まこと君の家では、こっそりやっていたのに、女の子の家では、姿を見せてしまっているところ。
T：どうして姿を見せてしまったんだろう。
C：女の子が何も食べていないみたいだから、食べ物を渡したいと思った。
C：お母さんが病気で、何もできなさそうだから、助けたいと思った。
T：女の子の家は、どんな家だっけ?
C：まずしい家。

女の子の家

・トタン屋根
・でこぼこした
せんめんき
・うすいふとん
・米つぶ一つない
・大根一切れない
・やぶれたまど

お母さんのねている
部屋
台所

「おにだって、いろいろあるのに。
おにだって……。」

T：どこから分かりますか?
C：トタン屋根とか、でこぼこしたせんめんき。
C：冬なのにうすいふとんって書いてあります。
C：台所は、かんからかんにかわいていて、米つぶ一つありません。
C：大根一切れありませんとも書いてある。
T：こんな家だから、気のいいおにたは、何かせずにはいられなかったんだね。
女の子の家には、部屋はいくつありますか?
C：台所と、お母さんが寝ている部屋しかないかも。
T：まこと君の家は、部屋がいくつあるかな?
C：茶の間、客間、子ども部屋、台所、げんかん、手あらい……いっぱいある。
C：それに、おにたがいた物置小屋まであるんだね。
T：おにたがいなくなるときに言った『おにだって、いろいろあるのに』は、同じなのかな?

まこと君の家から
「人間っておかしいな。おには悪いって、
決めているんだから。
おににも、いろいろあるのにな。」
わかってくれる人間が
いるだろう。

ぜつぼう
もう人間にはわかって
もらえない

女の子の前から
手をだらんと下げて
悲しそうに身ぶるいして
「おにだって、いろいろあるのに。
おにだって……。」

C：まこと君の家を出るときは、まだだれか次の人間の家に行こうという気楽な気持ちで言っているようなセリフに感じます。
C：いいおにもいるって思っている人間がいるだろうって希望をもっている。
T：希望をもっているってすごいね。
C：でも、女の子の前から消えたときは、もう絶望に変わっている。
T：どうして絶望って分かるの？
C：手をだらんとさげてとか、悲しそうに身震いしてとか、前にはなかったことをやっているから。
C：セリフのいい方も、全然違う。
C：最後の「おにだって……」の「……」に絶望がある。
C：もうだめだ、って感じてる。
T：だめだって、何がだめなの？
C：人間とは生きていけないとか。暮らせないとか。

第三段階のフレームリーディング

発問 なぜおにたは「角かくしのぼうし」を置いて消えたのだろう?

角かくしのぼうしをおいて消えたことには、おにたの意志が込められています。そのことを考えさせることが、この作品の主題に迫り、一段階深める読みにつながります。

おにたのぼうし ← 角かくしのぼうし

なぜおいたまま消《き》えてしまった?

・もう人間の前にはあらわれない
↓ぼうしはいらない
・おわかれの合図
・女の子にわすれてほしくない
(もう会えないけれど)

▼題名から主題をとらえる

T:なぜおにたは、角かくしのぼうしを置いて消えたのだろう。

C:もう人間には会いに来ないから、角をかくすぼうしはいらないのだと思います。

C:人間にお別れする合図にしたかった。

C:女の子には、せめて自分のことを忘れずにいてほしいから、わざと残したのかも。

C:でも、もう女の子の前にも現れない。

C:女の子は、神様だって思ったのにね。

C:おにたは、消えてしまった後だから、女の子の気持ちが伝わらなかったんだ。

白いぼうし

この作品でとらえたいフレーム

ファンタジーの構造をとらえる

小学校の国語教科書に掲載されている物語は、大きく三つに分類できます。一つは、家庭や学校など、現実世界を舞台にした「生活童話」、二つ目は、設定自体が非現実の「メルヘン」、そして三つ目が、現実と非現実の両方を描いている「ファンタジー」です。

『白いぼうし』は、ファンタジーの代表作として、長年教科書に掲載されています。が、ファンタジーの基本的な構造とは少し違って、いつの間にか不思議な世界（非現実の世界）に引き込まれているという、あまんきみこさんらしい作品です。それでも、現実と非現実が描かれているので、そのつなぎ目に着目すると、作品の伏線に気づくことができます。

第一段階のフレームリーディング

発問

主な登場人物は何人？

登場人物については、一年生の作品から系統的にフレームリーディングに組み込んできています。この作品でも、登場人物の人数を数えるという方法から、作品のフレームをつくっていきます。主な登場人物を問うと、「女の子」と「ちょう」が同じ人物かどうかで、子どもの読みにズレが生じます。ここからこの作品のフレームリーディングが始まります。

登場人物をとらえる

T：主な登場人物は何人ですか？
C：四人です。
C：松井さん、お客のしんし、女の子、男の子です。
C：おまわりさんは入れなくていいよね。
C：わたしは、ちょうも入ると思います。
T：ちょうというのは、どのちょう？
C：白いぼうしから逃げたちょうです。
C：わたしは、ちょうは、女の子だと思います。だから、四人でいいと思います。
C：他のちょう達にも「よかったね。」「よかったよ。」というセリフがあるから、登場人物に入れた方がいいんじゃない？
C：でもそれは、「主な」には入れなくていいと思う。

白いぼうし

あまんきみこ

主な登場人物は何人？

松井さん　お客のしんし

女の子　男の子

＝　（たけの　たけお）

にげたちょう？

（おまわりさん）（野原のちょうたち）

第二段階のフレームリーディング

発問 松井さんとお客の紳士の場面を絵で描きましょう。

物語を読み深めるために絵に描くという方法は、一年生の『おおきなかぶ』でも行いました。今回もねらいがあって絵に描かせます。

子ども達は、次のような絵を描きます。実は、大人にこの場面の絵を描いてもらっても、同じ傾向で次の三通りに描かれるのです。

同じ場面を読んで描いているのに、なぜ三通りの絵が描かれるのか。これは、この作品の語り手の

「視点」が影響しています。「視点」とは、「語り手が、どこにいて、何を見て語っているか」というものです。松井さんとお客の紳士との対話場面は、語り手が、視点がはっきりしていないのです。だから、読み手は自分のイメージで視点を設定します。その結果、絵がいろいろな視点で描かれることになるというわけです。

白いぼうし　　あまんきみこ

なぜ三通りの絵ができる？
←
語り手の視《し》点がはっきりしないから。
「視点」……語り手がどこにいて、何を
見て語っているか

視点を学ぶ

T：どうして、三通りの絵ができるのでしょう？
C：本当だ。車を前から見た絵と、横から見た絵と、後ろから見た絵になっている。
C：意外に、後ろから見た絵を描いた人が多いね。
C：どうしてだろう。
T：これは、語り手の視点の問題です。
語り手というのは、三年生の『モチモチの木』などの学習ですでに学んできましたね。
その語り手が、どこにいて、何を見て語っているかを「視点」と言います。この場面は、視点がはっきりしていないので、読む人がそれぞれ自分のイメージで読みます。だから描かれる絵もばらばらになるのです。

第二段階のフレームリーディングではもう一つ大切なことを学びます。それは、「伏線」です。第一段階のフレームリーディングで、女の子とぼうしから逃げたちょうは同じ人物だと読んでいる子どもがいることが分かります。もちろん、そう読んでいない子どももいるのですが、その読みのズレをもとに、授業を構成します。大切なことは、「仮定で読む」ということです。「仮定して読む」読み方は、三年生の『モチモチの木』でも紹介しました。ここでも、「もしも女の子がちょうだとしたら」という仮定のもとに読みます。「女の子はちょうか、ちょうではないか」という二項対立型の発問にしてしまうと、「違う」と読んでいる子どもは、なかなか自分の意見を変えようとしません。いつまでも平行線のままになります。そこで、発問を、「仮定型」にするのです。この聞き方だと、そうは思っていない子どもでも、「もしも……」ということで、自分の問題として受け入れてくれるようになります。

白いぼうし　　あまんきみこ

女の子＝ぼうしからにげたちょう？

もしも、女の子がちょうだとしたら……

（ちょうだからできる、ちょうだから言えることを見つけよう）

・四角い建《たて》物ばかり（道にまよったの）

伏線を読む①

T：登場人物を確かめたときに、松井さんの車に乗ってきた女の子は、ぼうしから逃げたちょうだと言う人がいましたね。

クラスの何人かがそのように読むということは、何かしかけがあるにちがいありません。そこで、もしも、女の子がちょうだとしたら、ちょうだからこんなことができる、ちょうだからこんなこと

・「菜《な》の花横町」→「菜の花橋」
（ちょうのなかま達《たち》で言っている？）
・早く行ってちょうだい
・いつの間にか車に乗っている
・いつの間にか車からいなくなっている
（車が走っているのに）

←
伏線
＝
読みをつくるための手がかり

を言っているという叙述を探してみましょう。ありそうですか？

C：あるある。いっぱいある。

T：いっぱいある？　そうかな？　では、見つけたら、その言葉に線を引いてみましょう。

C：四角い建物ばかりというのは変な言い方。

C：「菜の花横町」って、本当は「菜の花橋」なのに、ちゃんとした名前で呼んでいないところ。もしかしたら、ちょうの仲間達は「菜の花横町」って呼んでいるのかも。

C：男の子が近づいてきたら、「早く行ってちょうだい」って、なんかあせってる感じになった。

C：またつかまると思ったのかな。

C：いつの間にか乗っていて、いつの間にかいなくなってる。

T：たくさん見つかりましたね。みなさんが、見つけた一つ一つの手がかりを、「伏線」と言います。

白いぼうし

お客のしんしとの場面

・六月のはじめ
・夏がいきなり始まったような暑い日
・松井さんもお客も、白いワイシャツのそでをうでまでたくし上げて……

↓

まどが開いていた！（かのうせいが高い）

↓

・まどから、ちょうのすがたで乗り、女の子に変《へん》身
・またちょうのすがたになってまどから出ていった

伏線を読む②

T：女の子がちょうだとすると、どうやって松井さんの車から乗り降りしたんだろう。
C：いつの間にか乗ってきて、気がついたらいなかったんだよね。
C：車の窓が開いていたとか？
T：どこかにその証拠は書いてあるかな？
C：あっ、見つけた！　お客の紳士との場面にある。
C：えー、どこだっけ。書いてあった？
C：なるほど。確かに書いてある。
C：この日は、「夏がいきなり始まったような暑い日」です。
C：しかも、松井さんとお客の紳士はワイシャツのそでをたくし上げている！
C：きっと、窓は開いていたよ！
T：この前に描いた絵はそうなっていたかな？

第三段階のフレームリーディング

発問 **せっかくぼうしから逃げたのに、なぜ松井さんの車に戻ってきたのか？**

この課題の解決には、松井さんの人柄、人物像が深く関わっています。松井さんだから、ちょうは戻ってきたのでしょう。そこで今度は、松井さんの人柄についての伏線を見つける学習に入ります。

伏線を読む③

T：せっかく白いぼうしから逃げたのに、なぜちょうは、松井さんの車にまた戻ってきたのでしょう。

C：松井さんが優しい人だから、仲間のいるところまで連れて行ってくれると思ったから。

C：松井さんなら安心できる人だと思ったから。

T：では、今度は松井さんの人柄が分かる伏線を見つけていきましょう。

C：お母さんの気持ちを受け止めて、夏みかんを車に乗せるような優しい人だと分かります。

C：一番大きいのを車に乗せてきたんだよね。

C：他にも人柄が分かるところがありそう。

松井さんの人がらがわかる伏線《ふく》を見つけよう

- 「夏みかんですよ」とにこにこして
- いなかのおふくろが、速達で送ってくれました
- においまで私にとどけたかったのでしょう
- いちばん大きいのを、この車にのせてきた
- 白いぼうしをどかした（ひかれてしまう）
- ちょうのかわりに夏みかんを置《お》いた

視点……語り手がどこにいて、何を見て語っているか。
伏線……読み（解釈）をつくる手がかり。

一つの花

この作品でとらえたいフレーム

対比の構造をとらえる

対比でとらえるフレームリーディングの手法は、三年生の『おにたのぼうし』で紹介しました。その発展です。そもそも、物語は最初と最後で何かが大きく変わるというのが一番の基本形ですから、最初と最後を対比させて読む手法は、すべての物語のフレームリーディングで使える方法のはずです。特に『一つの花』は、戦争中と、十年後の場面が対比的に描かれているので、この手法が有効なのです。

第一段階のフレームリーディング

発問　**この作品の中心人物はだれ?**

まずは登場人物を確かめます。登場人物がどのように紹介されているかを読み取ることで、作品の大きなフレームがつくられます。次にその中から中心人物を選びます。ただし、この物語においては、第一段階で結論は出ません。ここで抱いた問題意識が、これから読み進めるエネルギーになるのです。

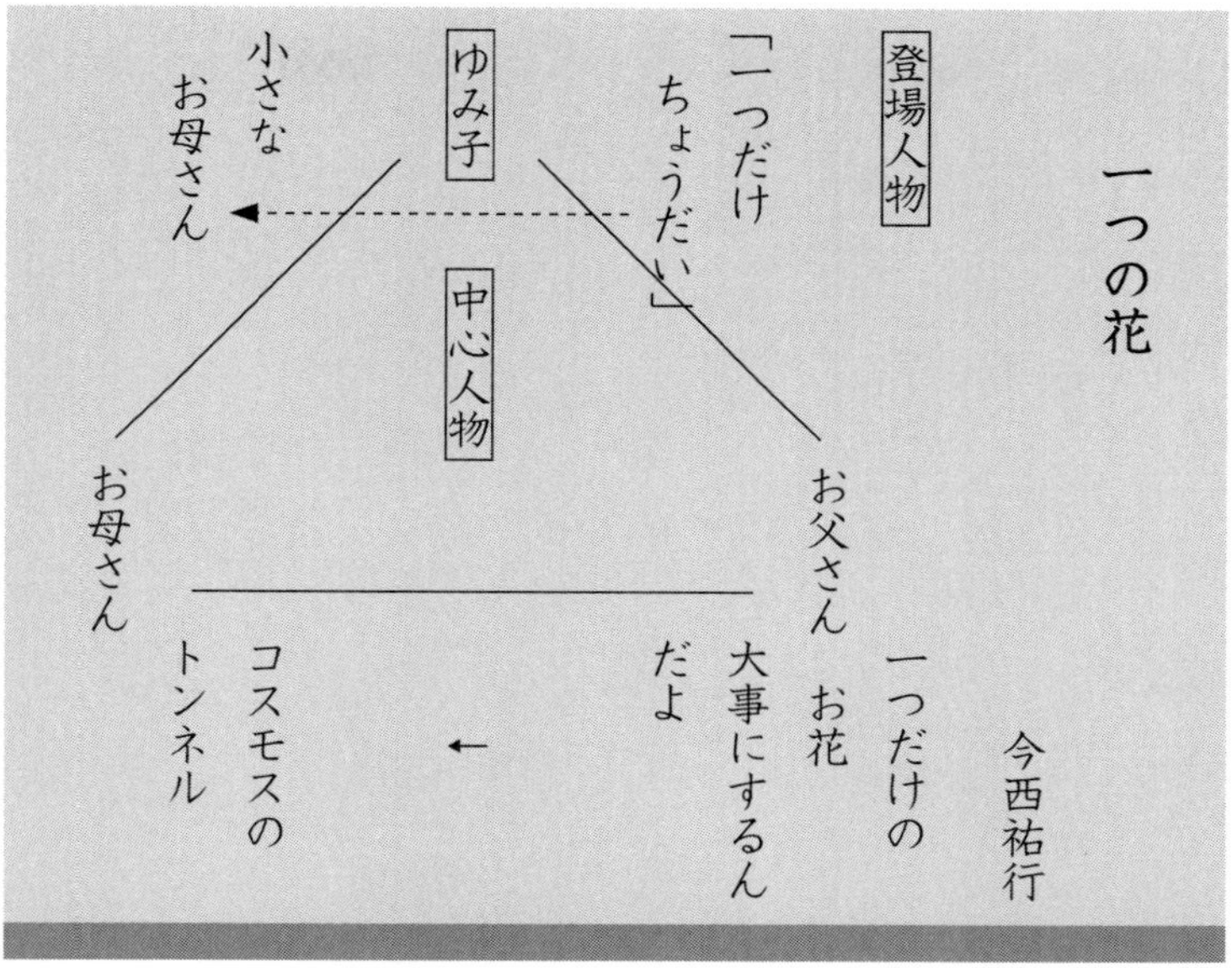

中心人物をとらえる①

T：主な登場人物は何人ですか？
C：三人です。
C：ゆみ子と、お母さんとお父さんです。
T：では、中心人物はだれでしょうか。
C：ゆみ子だと思います。最初は「一つだけちょうだい」が口ぐせだったのに、十年後には、お母さんのお手伝いまでするようになっているからです。
C：私は、お父さんだと思います。お父さんが戦争に行くときに渡した一輪のコスモスの花が十年後にはトンネルになっているということは、お父さんの思いが通じたからだと思います。
T：いろいろな考えがありそうですね。戦争中の人物と、十年後の人物を対比させて読むことで中心人物を考えようとしているのは同じですね。

発問

戦争中と十年後で違っていることはいくつある?

対比の構造をとらえます。戦争中と十年後の場面を比べて、どのようなことが違っているかをノートなどに整理しながら読んでいきます。ワークシートなどであらかじめ観点を示してしまうのではなく、自分の力でいくつ見つけられるか、そして何という観点で対比することができるかを考えながらメモするようにします。

一つの花

今西祐行

戦争中と十年後のちがいはいくつ?

	戦争中	十年後
場面	戦争	平和
食べ物	配給	お肉・お魚

▼場面を対比して読む

T：戦争中と十年後で、違っていることはいくつあるでしょうか。ノートに整理しながら数えてみましょう。
C：十年後は、戦争が終わって平和になっています。
T：それは、どんなところから分かるのかな?
C：食べ物が違います。
C：私もそのことはノートに書いたよ。戦争中は配給のものしか食べられなかったけど、十年後は、お肉とお魚で選んで買い物ができるようになっている。
C：音が違います。戦争中は爆弾や飛行機の音が聞こ

	（おいも、豆、かぼちゃ）	（選んで買い物）
音	ばくだん・飛行機 ばんざい・軍歌	ミシン
コスモス	一輪 プラットホームのはしっぽ・ごみすて場のような所・わすれられたように	コスモスのトンネル

えていました。

C：あと、駅の人混みの中からばんざいの声とか、軍歌が聞こえています。

C：十年後は、ミシンの音になりました。

T：このようなことをまとめて言うと、さっき○○さんが言ってくれた、「平和になった」と言えるんだろうね。十年よりも前は、なんて書けばいいかな。

C：戦争中。

T：戦争中でいいかな。

C：あと、お父さんから受け取った一輪のコスモスが、コスモスのトンネルになってる。

C：コスモスは、わすれられたように咲いていたのが、トンネルになるほどはなやかになった。

第二段階のフレームリーディング

発問　十年後に幸せになった人物はだれ？

第一段階のフレームリーディングで、登場人物を確かめ、戦争中と十年後の場面を対比して、違いを見つけました。戦争中から十年後に場面が変わることで、「平和になった」と子ども達は読みました。では、平和になった十年後に、幸せになった人物はだれでしょうか？　十年後に変容した人物、つまり幸せになった人物が、この作品の中心人物であると言えるでしょう。

第二段階のフレームリーディングでは、三人の登場人物の戦争中と十年後をそれぞれ対比させて、詳しく読む学習をします。

一つの花

今西祐行

十年後に幸せになった人物はだれ？

お父さん	ゆみ子	お母さん
願《ねが》いはかな	・一つだけ	ミシンの音

人物の変容をとらえる

T：平和になった十年後に、一番幸せになった人物が中心人物ですね。それはだれでしょうか。

C：私はお父さんだと思います。ゆみ子に、戦争に行く前に一輪のコスモスの花を渡すことができて、大切にしてほしいという願いが、十年後にかなっているからです。

C：十年後にかなっているというのは、コスモスのト

った？

← 家族といっしょにすごせていない。戦争で死んでしまった。

← 願《ねが》いはかなったとしても幸せとは言えない。

…を言わなくなった。

←（当たり前？）

← 小さなお母さん

← 日曜日に小さなお母さんをやるということ

父を知らないゆみ子は幸せか？

← 日曜日に仕事をしている？

◀ 日曜日も仕事をしないと生活できない

← お父さんがいなくて苦しい生活

だれが幸せ？……だれも幸せではない

ンネルになっているということですか？

C：そうです。

C：でもお父さんはもう死んじゃっているから幸せとは言えないんじゃない？

C：家族と一緒に過ごせないお父さんは、戦争で死んでしまって不幸だと思います。

C：ゆみ子は幸せだと思っていましたが、○○さんの意見を聞いて、お父さんのいないゆみ子は幸せとは言えないなと、考えを変えました。

C：じゃあ、幸せになった人はお母さんだけってこと？

C：お母さんは幸せかなあ。

T：なぜ日曜日にミシンの音が聞こえているのでしょうね。

C：仕事を家でしている音じゃないの？

C：お父さんがいないから、お母さんがゆみ子を育てなければならない。

C：お母さんも幸せとは言えないかも。

幸せになった人物がいないということは、中心人物がいないと言うことでしょうか。反対に、この家族三人ともが中心人物であるということもできると思います。つまり、戦争に翻弄された家族の物語であり、戦争中は、このような家族が、無数にあったということです。プラットホームのはしっぽの、ごみすて場のようなところに、忘れられたようにさいていたコスモスこそ、この家族を象徴していると読むこともできます。このような名もなき家族が、戦争が終わってから必死に生きてきた、そのような姿を、ゆみ子たち母子の生きる姿で物語っているのではないかと思います。

第三段階のフレームリーディング

発問 一つの花を別の言葉で表すと？

この物語の中心人物は、悲しみや辛さを背負って生きている家族そのものであると書きました。では、この物語には、まったく救いはないのでしょうか？　そんなことはありません。お父さんがゆみ子に手渡した一輪のコスモスが、十年後にはコスモスのトンネルになっています。この一輪のコスモスこそ、一縷の望みであり、希望であるととらえることができるでしょう。

悲しみやつらさを乗り越えて、たくましく生きていく母と娘の姿に、一つの花にこめた父親の思いが結実しているととらえられます。

題名について考える

T：題名にある「一つの花」を、別の言葉で表すと、どのような言葉になるでしょうか。
C：「一つの思い」だと思います。
T：「一つの思い」とは、どういうこと？
C：お父さんが、家族に残した、これから幸せに生きてほしいという思いだと思いました。
C：私は、「一つの希望」だと思います。これからきっと、もっと平和な世の中になるという希望が、一つの花に込められていると思います。
C：「たくましさ」だと思います。プラットホームのはしっぽの、ごみすて場のような所に、わすれられたようにさいていたコスモスだったけれど、十年後にはトンネルになるほど増えているんだから、たくましい。この家族もお父さんはいないけれど、悲しみを乗り越えて生きるたくましさがあると思います。

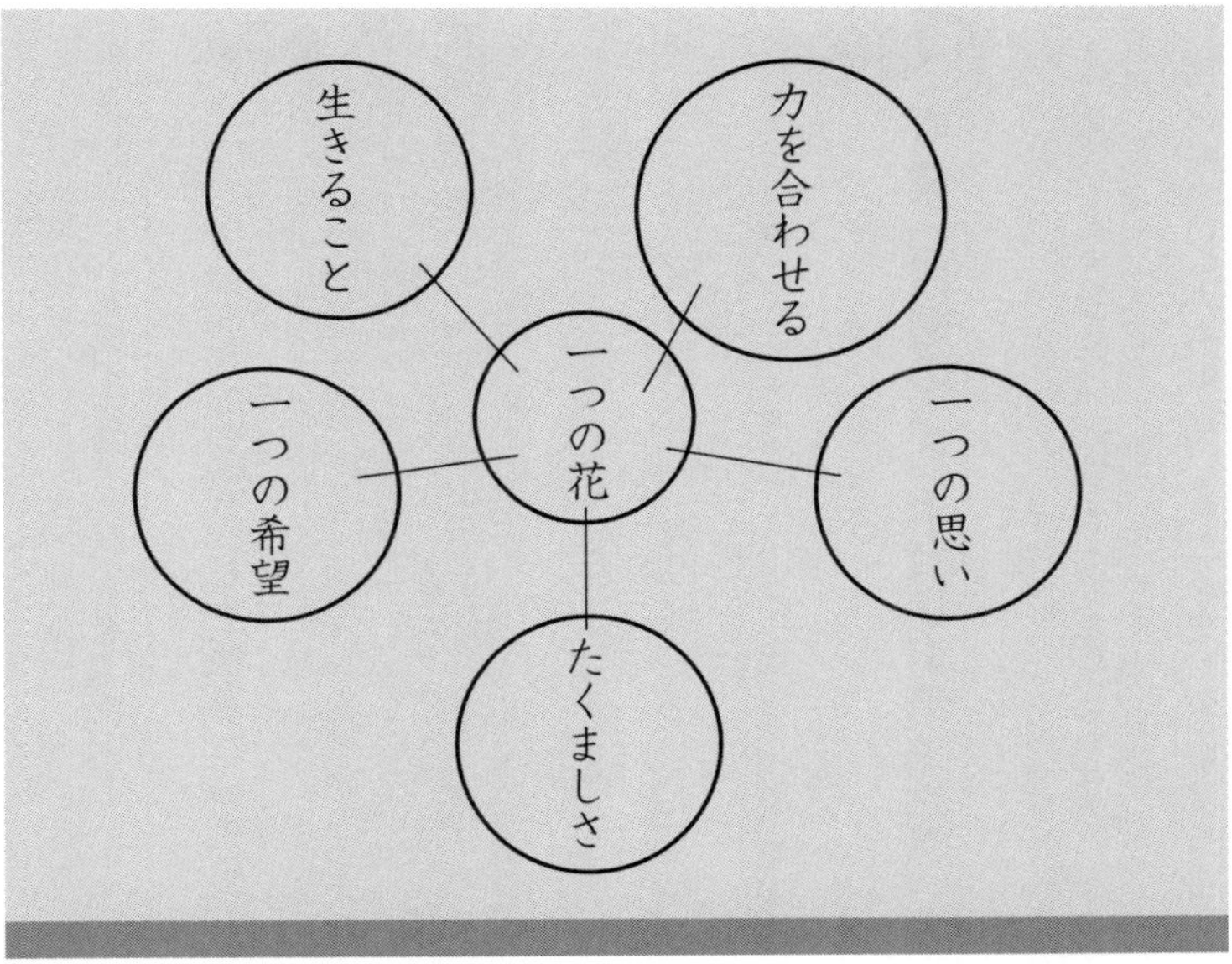

板書によるマッピングで、作品の主題を端的に表す言葉がつながっていくのが目に見えて分かります。

大造じいさんとガン

この作品でとらえたいフレーム

中心人物の変容から主題をとらえる

物語のはじめの「前書き」に、次のような表現があります。「(大造) じいさんは、七十二さいだというのに、こしひとつ曲がっていない、元気な老かりゅうどでした。そして、かりゅうどのだれもがそうであるように、なかなか話し上手の人でした。」何気なく読み過ごしてしまえばそれまでですが、気になる表現です。なぜ、かりゅうどは、だれもが話し上手なのでしょうか?

この物語の謎解きは、ここから始まります。そして、この謎を解くことが、この物語の主題をとらえることにつながるのです。

第一段階のフレームリーディング

発問

大造じいさんは残雪をとらえるために、何回作戦を立てて実行した?

物語のフレームをつくるために、出来事の回数を数えさせるのは有効な方法の一つです。特に、この作品のような「繰り返し」のある作品は、その回数を読むことで、大まかな構造をとらえることができます。

一つ一つの作戦に、簡単な「作戦名」をつけると、その後の話し合いでも活かすことができます。

大造じいさんとガン　椋鳩十

大造じいさんが立てた作戦は何回か？

一回目　ウナギつりばり作戦
・一羽のガンをとらえる
（次の日）すべて見やぶられていた。

二回目　タニシばらまき作戦
・手前で見やぶられた。

三回目　おとりのガン作戦
・ハヤブサがやってきた！

★最後の残雪は……大造じいさんの作戦で
つかまえたわけではない。

▼繰り返し構造をとらえる

T：大造じいさんは、残雪をとらえるために何回作戦を立てましたか？
C：三回です。
C：一回目は、ウナギつりばり作戦です。この作戦で、一羽のガンをとらえることができました。
C：でも、次の日はすべて見破られていました。
C：二回目は、タニシばらまき作戦です。
C：三回目は、おとりのガン作戦です。
C：この作戦のときにハヤブサがやってきました。
T：作戦でつかまえたガンは何羽ですか？
C：二羽です。
C：一羽でしょ。
C：最後の残雪は、大造じいさんの作戦でつかまえたわけではありません。

第二段階のフレームリーディング

発問 大造じいさんは、残雪に対する思いをいつ変えたのか?

クライマックスをとらえるための、第二段階のフレームリーディングです。第二段階では、必要に応じて細部にこだわって読みます。しかし、いつも全体とのつながりを意識することが大切です。クライマックスは、作品によっては描かれていない場合があることはすでに書きました。ただし、クライマックス場面は基本的に描かれます。

『大造じいさんとガン』のクライマックスを特定する授業では、必ずと言っていいほど意見が二つにわかれます。残雪が、ハヤブサと闘っているときに、構えていた銃を下ろすところと、地上に落ちてきた残雪を見て、「ただの鳥に対しているような気がしませんでした」というところです。

大造じいさんとガン

椋鳩十

クライマックスを見つけよう。

[A]大造じいさんは、ぐっとじゅうをかたに当て、残雪をねらいました。が、なんと

クライマックスをとらえる

T：大造じいさんが、残雪に対して、もっとも大きく見方を変えたのはいつですか。

C：私は、ぐっと肩に当てた銃を、下ろしてしまったところだと思います。

C：私は、地上に落ちてきた残雪が、最期のときを感じてじたばた騒がなかったのを見て、ただの鳥に

思ったか、再びじゅうを下ろしてしまいました。

（視点の転換《かん》）

・残雪の目には、人間もハヤブサもありませんでした。ただ、救わねばならぬ仲間のすがたがあるだけでした。

[B]大造じいさんは、強く心を打たれて、ただの鳥に対しているような気がしませんでした。

◆クライマックスは、中心人物が大きく変わったとわかる瞬《しゅん》間だから、[B]

◆大造じいさんが心を打たれたのは、空の残雪の姿と、地上での残雪の姿《すがた》の両方

椋鳩十「大造じいさんとガン」『国語　五　銀河』（光村図書・平成27年度版）

対している気がしなかったというところだと思います。

T：この作品の視点は、どのようになっていますか？

C：大造じいさんに限定して語られています。

C：三人称限定の視点です。一部分だけ、残雪の視点に転換しています。

T：どこですか？

C：残雪の目には、人間もハヤブサもありませんでした。ただ、救わねばならぬ仲間の姿があるだけでした、というところです。

T：そうですね。そこ以外は大造じいさんの視点で語られています。

C：でも、銃を下ろしたところは、「なんと思ったか」と書かれていて、大造じいさんがどのような思いで銃を下ろしたのか分かりません。

C：クライマックスは、中心人物が大きく変わったと分かる瞬間ですから、ここではないと思います。変わったかどうか分からないので。

前ページの板書例にもある通り、大造じいさんは、二つの残雪の姿に強く心を打たれています。一つは、空中で仲間のガンを救うためにハヤブサに立ち向かっている姿。もう一つは、地上に落ちてきた後に、最期のときを感じて、頭領としての威厳を傷つけまいと努力しているかのような、じたばた騒がない姿です。この二つの姿を目にして、大造じいさんは「ただの鳥に対している気がしなかった」のです。ですから、クライマックスは、ここになるでしょう。

クライマックスを見つけるためには、「視点」は欠かせません。「視点」は、四年生の『白いぼうし』などで学んでおくべき重要な学習用語です。視点には、次のようなものがあります。

「視点」とは……語り手がどこにいて、何を見て語っているかというもの

◆一人称視点……語り手＝視点の当たっている人物「ぼくは」「わたしは」で語られる。

(例)『もうすぐ雨に』(三年)『カレーライス』(六年)『きつねの窓』(六年)

◆三人称限定視点……限られた登場人物(普通は中心人物)の中に語り手は入ることができる。

(例)『スイミー』(二年)『ごんぎつね』(四年)『海の命』(六年)

◆三人称客観視点……語り手がすべての登場人物の中に入らない。入れない。

(例)『一つの花』(四年)

◆三人称全知視点……語り手はすべての登場人物の中に出入りできる。自由自在。

(例)『世界でいちばんやかましい音』(五年)

クライマックスは、中心人物の心が直接語られる場合と、中心人物の言動によって判断できる場合

一年生
二年生
三年生
四年生
五年生
六年生

とがあります。「視点」は、物語を深く読むだけでなく、物語を創作するときにも大切です。

第三段階のフレームリーディング

発問 あれほどとらえたかった残雪を、なぜ逃がしてしまったのか？

大造じいさんは、いまいましい存在として、ずっととらえたいと思っていた残雪を逃がします。それはなぜか？　このことを考えることで、作品の主題に迫っていきます。

なぜ残雪をにがしてしまったのか？
次は堂々と戦いたかった。
ひきょうなやり方で、やっつけたくなかった。
↓
大造じいさんにとって、「ひきょうなやり方」とは？
・残雪が仲間を救おうとしているときにしとめること

主題をとらえる

T：大造じいさんは、なぜ残雪を逃がしてしまったのかな？　あんなにとらえたかったのに。
C：ガンの英雄と認めたから、もう一度堂々と戦いたかったのだと思います。
C：ひきょうなやり方で仕留めたくなかった。
T：大造じいさんにとって、ひきょうなやり方って、どんなやり方？
C：残雪が仲間を救おうとしているときに、仕留めること。
C：作戦を立てるのは、ひきょうじゃないんだ。

狩人である大造じいさんにとって、作戦を立てて残雪に挑み、銃で仕留めるのはひきょうなやり方ではありません。大造じいさんが「ひきょう」だと言っているのは、他のことに気を取られているときに仕留めることです。ハヤブサから仲間のガンを救おうとしている残雪を撃つことが、大造じいさんにとってはひきょうだと考えたのです。

読み手の子どもからしてみれば、銃を使うこと自体がひきょうなやり方だととらえがちですが、ここでは、「大造じいさんにとって」という目線で読ませ、考えさせることが大切です。

発問 **狩人は、なぜ「だれもが話し上手」なのか？**

「前書き」にあるように狩人はなぜみんながみんな話し上手なのでしょうか？「それからそれと」繰り広げられる「愉快な狩りの話」とは、どのような話なのでしょうか？

この前書きの意味が説き明かされてこそ、『大造じいさんとガン』が読めたことになります。

作品の設定をとらえる

T：前書きにあるように、狩人達は、なぜ「だれもが話し上手」なのでしょう？

C：いろいろな狩りを経験しているからかな？

C：動物たちの中には、残雪みたいな、リーダーがいろいろいるからかもしれない。

T：狩人って、どんな仕事をしているの？

大造じいさんとガン　椋鳩十

かりゅうどは、なぜみんな話し上手なのか？

↓

どんな話をしていると思うか？

C：イノシシや鳥などをとって売って生活している。
T：じゃあ、動物たちは、狩人にとっては、ただの「えもの」なんだね。
C：動物をただの「えもの」として見ていたら、面白い話にならないいんじゃない？
C：残雪みたいな、すごい動物たちがいろいろいて、狩人がそれに気づくから、その動物のすごさを話せるんだと思います。
T：ここに集まった人たちは、ガン狩りに来た人たち？
C：イノシシ狩り。
C：面白いイノシシの話も知っているかも。

・動物たちの面白い話
・動物たちのリーダーの話
・残雪以外にもいる、すごい動物の話

←

かりゅうど……けものや鳥などを
　しとめる仕事

←

動物が、ただの「えもの」なら
　面白い話にならない

◆動物たちのすごさを分かっている
だから、話ができる……残雪の話は
そのうちの一つの例

大造じいさんにとって、ガンの頭領である残雪を、「えもの」を越えた目で見た話が『大造じいさんとガン』なのでしょう。そして、狩人達は、動物たちの素晴らしい生態を目の当たりにしているからこそ、面白い話ができるのでしょう。

やまなし

この作品でとらえたいフレーム

題名を手がかりに、主題をとらえる

フレームリーディングは三つのステップで考えています。第一段階のフレームリーディングは、物語の大枠をとらえるためのものです。登場人物を確かめたり、出来事を確かめたりするために、子ども達に発問や指示を投げかけます。第二段階のフレームリーディングでは、必要に応じて、焦点化して詳細に読みます。クライマックスを見つけたり、中心人物のある場面での行動に着目して、そのときの気持ちを想像したりします。第三段階のフレームリーディングは、第二段階をふまえて、あらためて作品全体のフレームをとらえ直し、一歩深めた作品理解をします。その第三段階で着目すると効果的な視点が「題名」です。

題名には、いくつかのタイプがあります。一つ目は、中心人物そのものが題名になっているもの。『スイミー』『ごんぎつね』などがその代表的な例です。二つ目は、中心人物と対人物がセットで題名になっているもの。よく『○と□』のように、「と」で二つの言葉がつながっています。『アレクサンダとぜんまいねずみ』『大造じいさんとガン』などがそれにあたります。三つ目は、作品中の重要なある「もの」が題名になっている物語です。『おおきなかぶ』『お手がみ』『一つの花』『カレーライス』、そして『やまなし』など。四つ目は、『○の△』のように、「の」で二つの言葉がつながっているものです。『きつねのおきゃくさま』『スーホの白い馬』『おにたのぼうし』『海の命』などがそれです。五つ目は、複数の言葉が、「〜い」などの言葉でつながっているもの。『白いぼうし』『白い花びら』などです。

あとは、本誌には紹介できていませんが、作品中の言葉が題名として切り取られたものもあります。『にゃーご』『なまえつけてよ』『名前を見てちょうだい』など。

他にもあるでしょうが、代表的なものを挙げてみました。題名は作品を象徴するものですから、とても大切ですし、題名に着目すると、何かが見えてきます。

『やまなし』は、五月と十二月という、二枚の幻灯でできています。それぞれの幻灯の題名は、なんとなく無機質な、意味のなさそうなものに感じます。そこで子ども達に、それぞれの幻灯の内容をもとに、自分なりの題名をつけようと投げかけます。さらに、二枚を合わせた一つの題名、この作品全体の題名を、自分なりに考えさせます。その上で、宮沢賢治がつけた題名の意味を考えさせます。

第一段階のフレームリーディング

発問　五月と十二月、それぞれにあなたならどのような題名をつけますか。

「『五月』と『十二月』というのは、面白くないので、自分なりの題名をつけてみよう。」という投げかけで、それぞれの幻灯に自分なりの題名を考えさせます。当然作品中の言葉や、そこに登場するものに目をつけながら、子ども達は題名をつけていきます。題名は、なんとなく印象でつけるのではなく、それぞれの幻灯に描かれている言葉を受けて考えさせるようにします。ですから、まずは、それぞれの幻灯に出てきた言葉を、目に見えるかたちで表してみることが必要です。

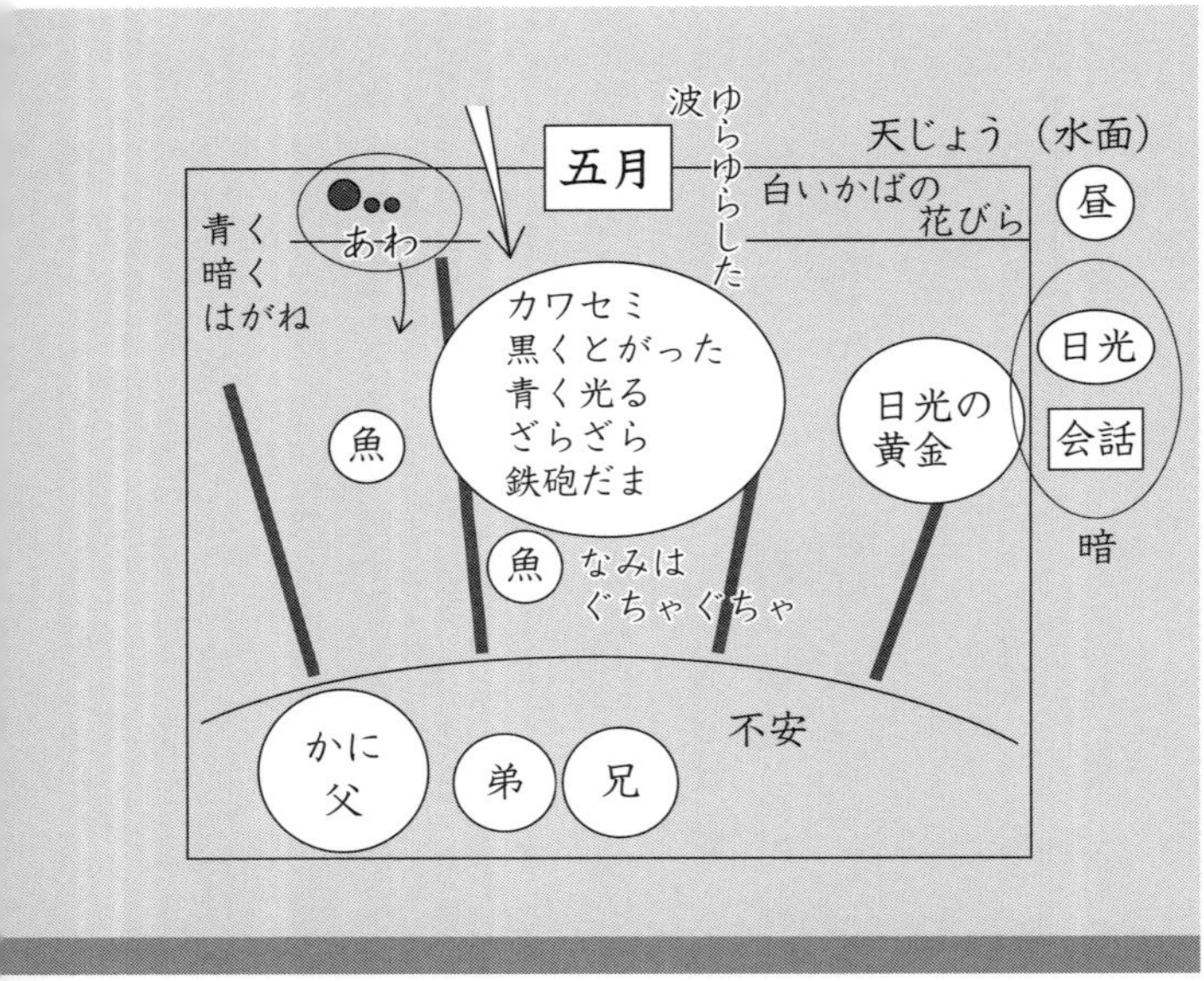

▼場面を対比する

T：「五月」と「十二月」という二枚の幻灯に、あなたならどのような題名をつけますか。自分の題名をつけるために、それぞれの幻灯に出てきた言葉を、ノートに整理してみましょう。

（各自でノートに整理）

T：では、それぞれの幻灯について、ノートに書いたものをもとに、黒板に書いてください。

（三人ずつで、相談しながら板書する）

T：黒板を見て、何か気づいたことはありますか。

C：かにの兄弟が成長しています。

C：五月は昼間の場面で、十二月は夜の場面の幻灯です。

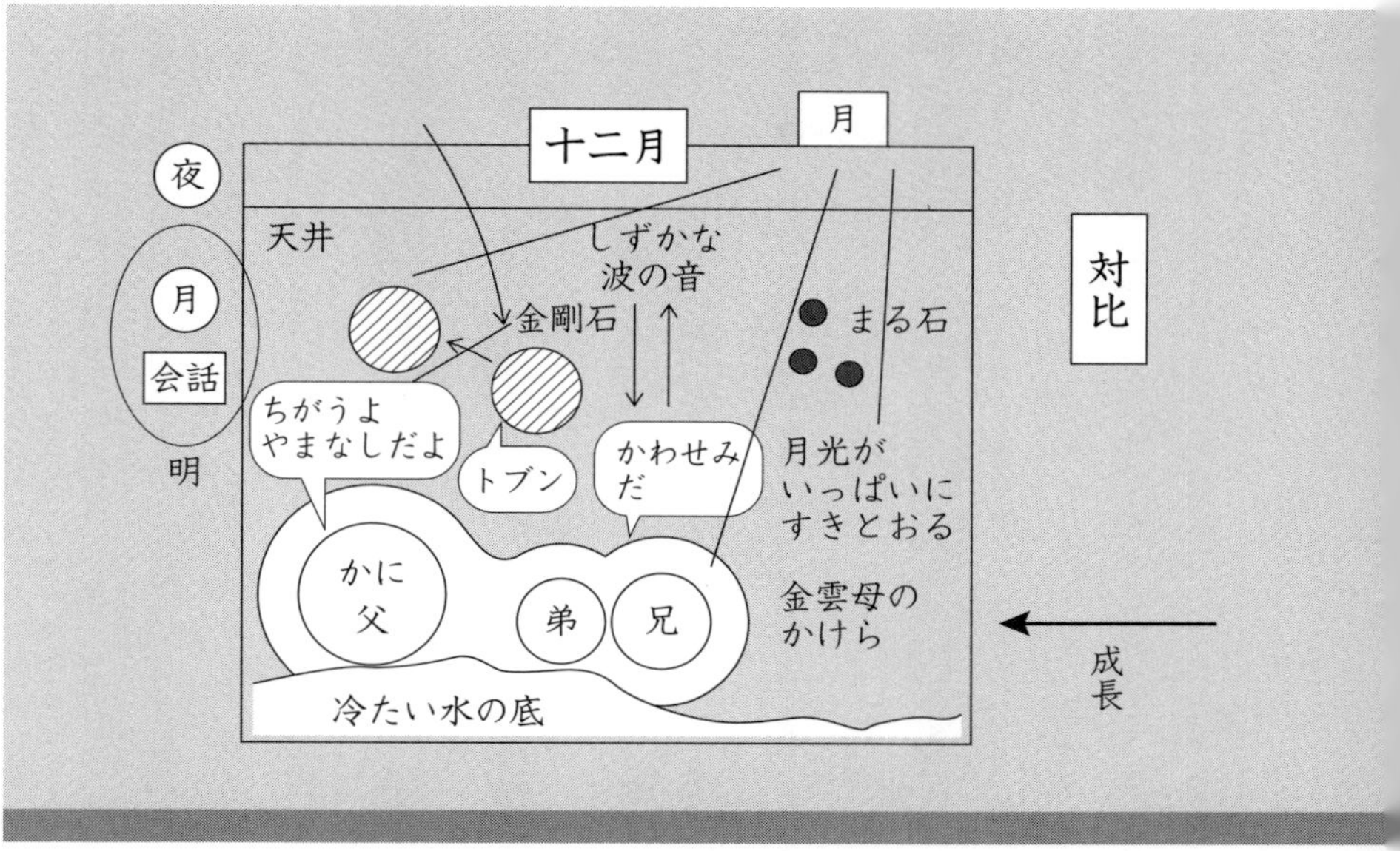

T：それは、どこから分かりますか？

C：五月は「日光の黄金」と書かれていて、十二月は」「ラムネのびんの月光」と書かれています。

C：五月は、昼間の場面なのに、会話が暗くて、十二月は夜の場面なのに会話が明るい。

T：どんなところが？

C：五月は、「クラムボンは死んだよ」と言っているけど、十二月は、あわの大きさ比べをしていて、なんだかほんわかした感じがします。

C：出来事も、五月は明るい場面なのに、かわせみが来て、魚がいなくなるという、悲しいことが起きて、十二月は、やまなしがとぶんと落ちてくるという、いいことが起きています。

C：対比になっていると思います。

C：五月と十二月という幻灯の中に対比があって、五月と十二月の二枚の幻灯も対比になっています。

T：なるほど。十二月にやまなしが二つ描かれているというのは、どういう意味ですか？　この絵を描いた人？

C：落ちてきたところと、木のえだに引っかかってとまったところを表しています。

第一段階のフレームリーディングで、二枚の幻灯をイラスト化することによって、描かれている世界を可視化します。そこに必要な言葉を入れ込むことで、作品世界をとらえやすくなります。子ども達はさまざまなスタイルでノートに書き込みます。

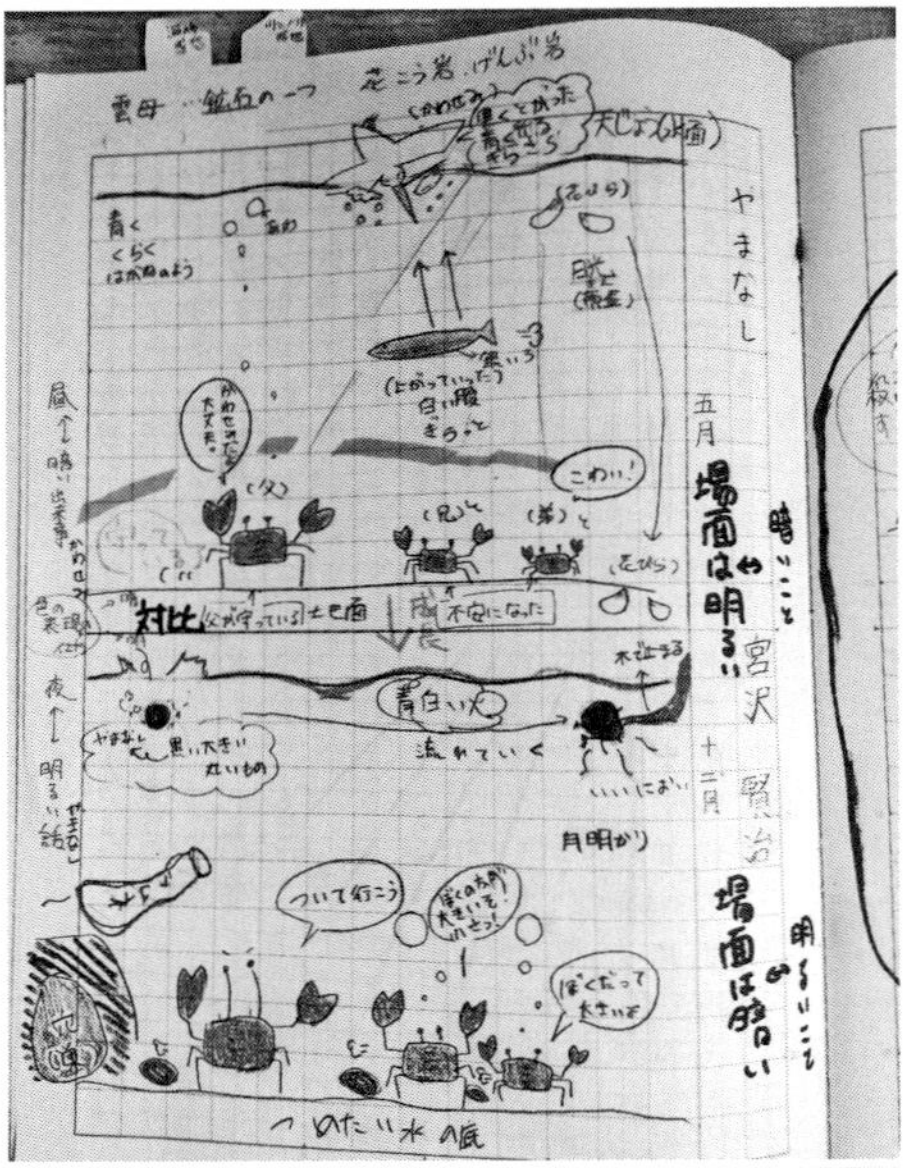

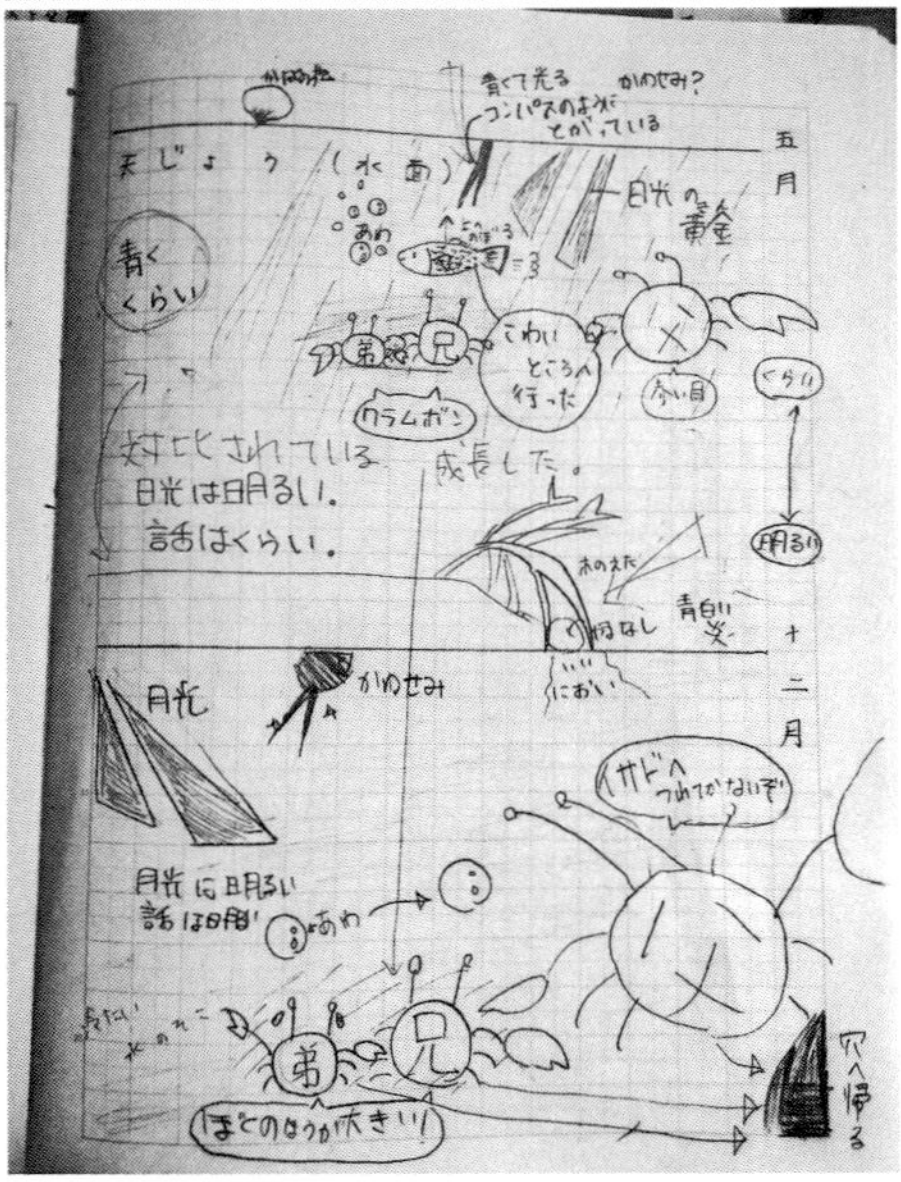

すると、そこから、五月と十二月のそれぞれの一枚の幻灯の中に対比があり、また、二枚の幻灯そのものが対比の構造になっていることに気づきます。

そこから、それぞれの幻灯についての題名を考えることになります。題名はそれぞれにつけますが、二枚の対比構造を見渡した上で考えた方が、考えやすくなります。二枚の幻灯についてのフレームができるので、題名をセットで考えるようになるのです。

五月	十二月
明るいきょうふ	暗い安ど
生きることのこわさ	生きることの楽しさ
うばわれていく命	めぐみの命
日光の中の出来事	月光の下の出来事

題名をつけることで場面をとらえる

T：では、ノートや黒板をヒントにして、それぞれの幻灯に自分の題名をつけてください。

C：私は、五月が「明るい恐怖」で、十二月が「暗い安堵」にしました。五月は、明るい場面なのに、出来事はかわせみが出てきて、川底にいる生き物たちにとっては恐怖で、十二月は、夜の暗い場面なのに、やまなしが落ちてきて、安堵するというイメージでつけました。

C：私は、五月が「生きることのこわさ」で、十二月は「生きることの楽しさ」にしました。理由は、○○さんと同じで、五月はかわせみの登場、十二月はやまなしが落ちてきたことという対比が幻灯の中心だと考えたからです、

C：私は五月が、「奪われていく命」で、十二月は「恵みの命」にしました。

この学習の後、第二段階の詳細な読みはとばして、第三段階のフレームリーディングに入りました。作品全体の題名について考える学習です。

第三段階のフレームリーディング

発問　作品全体の題名は、なぜ「やまなし」なのか？

はじめに、子ども達に作品全体の題名を考えさせます。その次に、宮沢賢治がつけた題名『やまなし』について考えます。宮沢賢治は、なぜ、十二月にしか登場しないやまなしを、二枚の幻灯全体の題名としてつけたのか、というのが第三段階のフレームリーディングです。

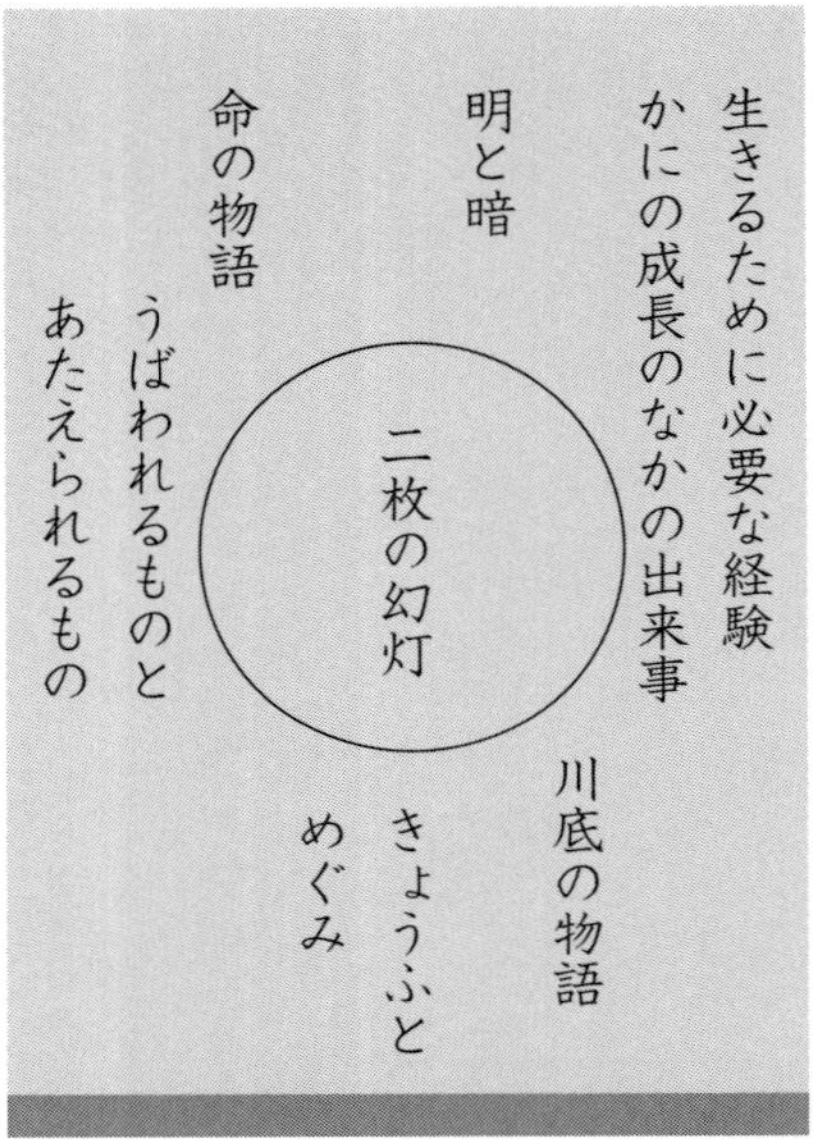

作品全体の題名をとらえる

T：二枚の幻灯全体の題名をつけるとしたら、どのような題名になりますか。

C：「かにの成長の中の出来事」にしました。二枚に共通して登場する人物はかにの親子なので、かにの成長の物語としました。

T：この幻灯は、かにの物語なんだろうか？

C：かには、人間と置き換えることができると思います。人間も、生きていく中で、悲しいことがあったり、いいことがあったりするから、かにと同じだと思います。

C：私は、「命の物語」にしました。

題名をもとに作者の思いをとらえる………

T：宮沢賢治さんはなぜ、二枚の幻灯の題名を十二月にしか出てこない『やまなし』とつけたのでしょう。

C：恐怖よりも、恵みを強調したかったのかも。

C：前回の話し合いの中で、かには人間に置き換えられるという意見が出ましたね。人間にはつらいこともあるけれど、いいこともあるよ、と伝えたいのではないかと思います。

宮沢賢治はなぜ、
題名を『やまなし』にしたのか？

・自然の恵みの強調

かに→人間
かわせみ→災害（人の力ではどうすることもできないこと・自然の営み）
やまなし→めぐみ（自然の・豊かな）

・人間に対するメッセージ（応援）

T：かにが人間だとすると、例えば「かわせみ」とは何に置き換えられますか？

C：悪いことだから、自然災害とか。

T：では、いいことは？

C：作物が実ること。いろいろな自然の恵み。

この後、必要に応じて、第二段階のフレームリーディングに戻ります。物語の語り口で、特徴的な表現を取り出して、その効果を考えるなどの活動が可能でしょう。擬態語や、色彩語などが、多様に、個性的に散りばめられている作品です。

海の命

この作品でとらえたいフレーム

中心人物の生き方から主題をとらえる

物語は、作品の中で何かが大きく変わります。低学年で多いのは、気持ちが変わる物語です。例えば悲しい→うれしいのような作品です。中学年になると、人物相互の関係が変わる物語に出会います。『ごんぎつね』のように、通じ合わない気持ちが、最期になって通じ合うといった作品です。高学年になると、中心人物のものの見方・考え方が変わる作品が出てきます。大造じいさんは、残雪に対する見方を大きく変えました。さらに、高学年では、「生き方が変わる」物語も読むことになります。その一つが、この『海の命』であるといえます。中心人物の太一が、自分の生き方を変えたのです。

どのように変えたのか、なぜ変えたのかを読むことで、この作品の見えなかった伏線がつながっていきます。

第一段階のフレームリーディング

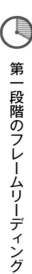

発問

太一をとりまく人物関係図をつくりましょう。

ノートなどに、中心人物である太一を中心とした人物関係図を書きます。そうすることで、作品全体のフレームが見えてきます。

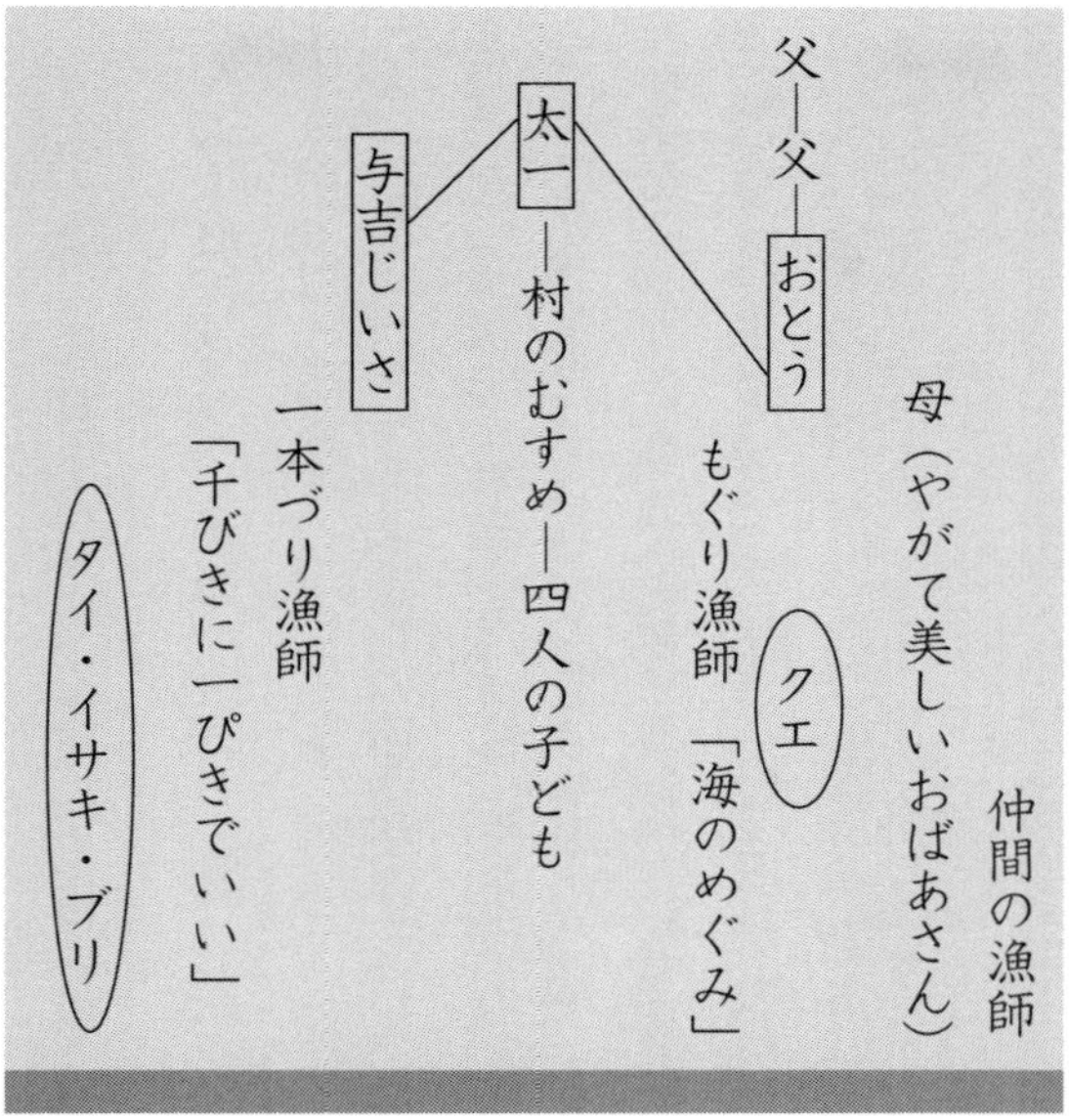

図式化で人物関係をとらえる

T：物語の中の今、太一は何歳ですか?

C：五十歳ぐらいだと思います。四人の子どもを育てたと書いてあるので、それくらいかなと思います。

C：太一はもうこの世にはいないと思います。最後に、生涯だれにも話さなかったと書かれているので、太一の生涯は終わっていると思います。

T：そうですね。この物語には、太一の生涯が書かれています。
では、太一を中心にして、この物語に出てくる人物の関係図を書きましょう。

C：クエは登場人物として書いてもいいですか。

T：書き込んでもいいのですが、クエは、『一つの花』に出てきた一輪のコスモスのように、人物には入らないけれども重要な存在として考えましょう。

第二段階のフレームリーディング

発問

太一は、なぜ与吉じいさに弟子入りしたのでしょうか。

中心人物である太一の思いを読むためには、いくつか解決しなければならない課題があります。それは、次のようなものです。

・太一はなぜ釣りのスタイルの違う与吉じいさに無理矢理弟子入りしたのか。
・母の悲しみさえも背負おうとしていたとは、どういうことか。
・「村一番の漁師」と、「一人前の漁師」とは、どう違うか。
・なぜ太一は、クエにもりを打たなかったことを、だれにも話さなかったのか。

ここでは、まず、太一と与吉じいさのかかわりについて読み解きます。

太一は、なぜ与吉じいさの弟子になったか

・与吉じいさは、父が死んだ瀬に毎日行っている→瀬をよく知っている

↓

クエをしとめるため（父のかたき）

中心人物の思いをとらえる

T：太一は、なぜ釣りのスタイルの違う与吉じいさに弟子入りしたのでしょう。

C：与吉じいさは、太一の父が死んだ瀬に、毎日一本釣りをしに行っている漁師だからです。

C：瀬のことをよく知っているので、クエのいるところも知っていると考えたのだと思います。

発問 太一は、いつ気持ちを変えたのでしょう。

太一は、いつ気持ちを変えたか？
（太一のあこがれである）
父のかたきをうつ
・与吉じいさに弟子入りする

・母の悲しみさえも背負おう
・母は、太一が父と同じ運命をたどることを心配した
・それでも太一は、クエを打とうと思っていた

クライマックス

水の中で太一はふっとほほえみ、口から銀のあぶくを出した
（かたきをうつ・にくしみ）

C：太一は、クエをしとめるために弟子入りした。

クライマックスをとらえる

T：太一は、ずっとクエをしとめようと思っていましたね。だからこそ、瀬をよく知る与吉じいさに弟子入りしました。その太一が、いつ、気持ちを変えたのでしょうか?

C：「水の中で太一はふっとほほえみ、口から銀のあぶくを出した」ところだと思います。

C：私も、そこがクライマックスだと思います。この瞬間に、太一は変わったと分かります。

T：「銀のあぶく」の中には、何が入っていますか?

C：父を殺したクエに対する憎しみだと思います。

C：父のかたきをうちたいという太一の願いだと思います。

T：そのような思いをはき出したのですね。

発問　なぜ太一は、クエを打つことをやめたのでしょうか。

　太一にとって、クエを打つことは、父に対する弔いであり、また憧れの父を越えることでもありました。そのクエを打つことをなぜやめたのでしょうか。クエに向かって笑顔をつくり、「おとう、ここにおられたのですか」と思ったとは、どのようなことなのでしょうか。この謎を解くことが、この作品をより深く読むことになります。

太一は、なぜクエを打つことをやめた？

父も必要な分だけしかとっていなかった

↓

「海のめぐみだからなあ」

おとう

一人前の漁師

（クエを打って、父を越える）

伏線をつなぐ

T：太一は、なぜクエを打つことをやめたのでしょう。

C：クエを海の命だと思ったからだと思います。

T：海の命とは、何なのでしょうね？

C：海の恵み？

C：よく分かりません。

T：順を追って考えましょう。まずは、与吉じいさの言う「村一番の漁師」と、太一が考えている「一人前の漁師」とは、何が違うのでしょう。

C：太一の考える「一人前の漁師」とは、父と並ぶとか、父を越える漁師だと思います。

C：私もそう思います。だから、そうなるためにはク

太一
銀のあぶく
（太一の個人的なうらみ・
かたきうちの思い
父がクエを打っていたのと
思いが違う ←
「おとう、ここにおられたのですか」
父の思いが分かった！

与吉じいさ 村一番の漁師
（必要な分だけいつでもとれる）
「千びきに一ぴきでいいんだ」
父の思いと共通

エを仕留めなければならないと思っていた。

C：村一番の漁師とは、千匹に一匹でいいという与吉じいさの教えが分かり、無駄な魚を捕らない漁師だと思います。

T：太一のおとうは、無駄にクエをとっていたの？

C：太一のおとうも、「海のめぐみだからなあ」と言っています。とれるときに、必要な分だけのクエをとっていたのだと思います。

C：そこは、与吉じいさと同じだ。

C：太一が目の前のクエを殺そうとしているのは、意味が違う。

T：どういうこと？

C：太一は、必要だからクエをとるのではなく、個人的なうらみやかたき討ちでクエを殺そうとしていた。それを銀のあぶくではき出した。

① 第三段階のフレームリーディング

発問　太一がクエを打たなかったことによって、守られた海の命はいくつある?

太一は、クエを「この海の命だと思えた」と書かれていますが、海の命はクエだけでしょうか？このことを考えることが、最後の一文「巨大なクエを岩の穴で見かけたのにもりを打たなかったことは、もちろん太一は生涯だれにも話さなかった。」の「もちろん」の意味を考えることにつながります。そして、これが作品の主題につながります。

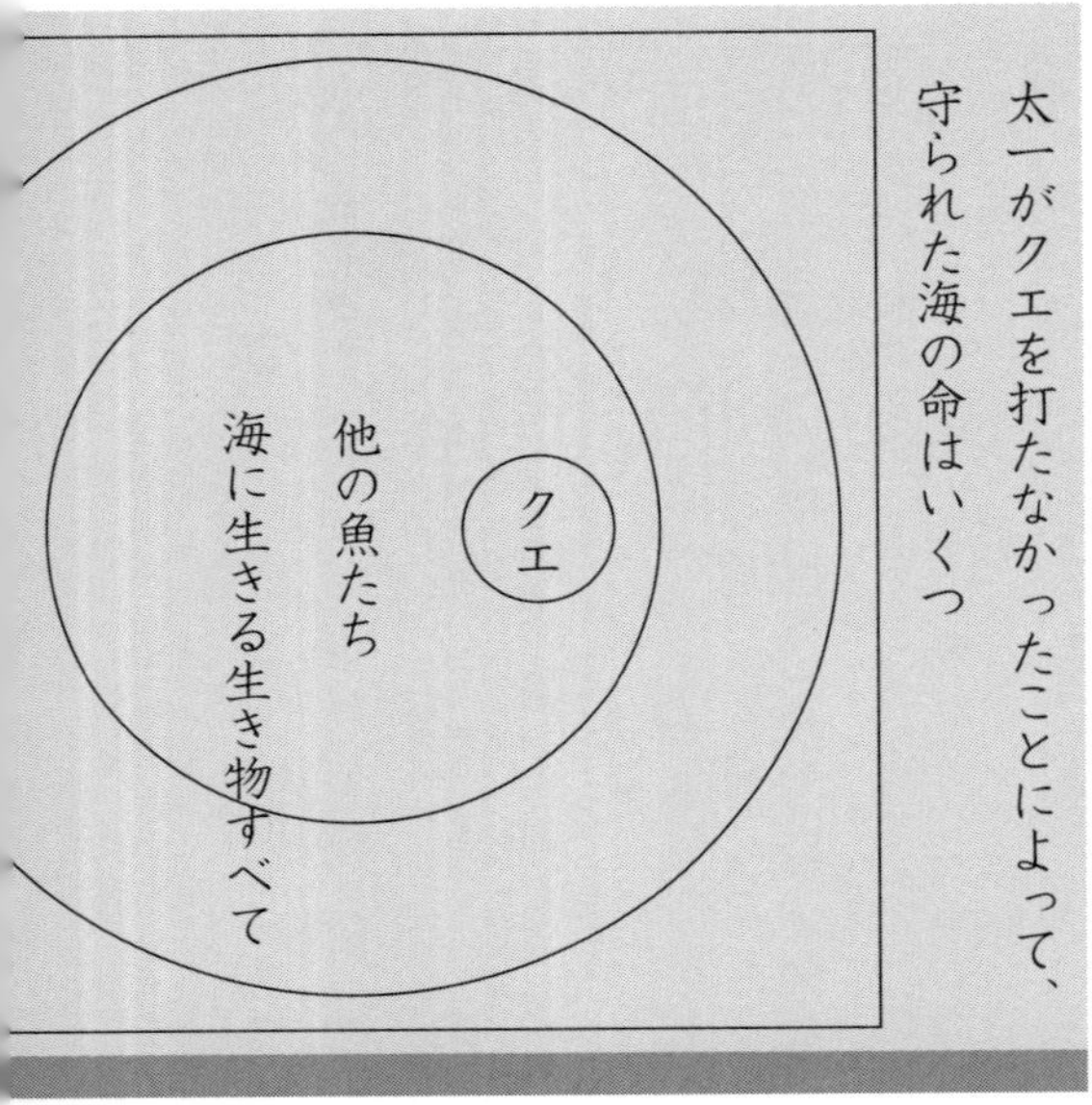

▼作品の主題をとらえる

T：太一がクエに挑まなかったことによって、守られた海の命はいくつありますか。

C：私は、無限にあると思います。クエは海の中で一番強い存在だから、クエが生きていることで、それに続くさまざまな海の生き物の命が、今までのまま守られたのだと思いました。

C：私は、太一の命も守られたと思います。もしもクエに挑んでいたら、太一だって父のように死んでしまったかもしれません。そうなると、村の娘と

海で暮らしている人間
・海をぶたいに
・海のめぐみをもらっている

すべてが海の命↓　一つ・無限

「もちろん」生涯だれにも話さなかった
・海の命が守られているので
話す必要がない
・よけいな心配を家族にさせたくない
・村一番の漁師として生きていく決意

も結婚できなかったし、子どもも生まれなかったと思います。

T：そうすると、あなたも、〇〇さんと同じように、守られた海の命は無限にあるという考えですね。

C：私は、「一つ」だと思います。海に生きる生き物たちの命すべては、海によって一つにつながっていると思ったからです。

C：私も一つだと考えました。海に生きる生き物も、海を舞台に生きる人間の暮らしも、すべてが守られたと思います。それが、一つの輪のようにつながっているので、一つだと考えました。

C：人間も、海に生まれ、海に帰っていく存在なんだと思います。それは、「父がそうであったように、与吉じいさも海に帰っていったのだ」という言葉からも分かります。

C：海の恵みを実感して村一番の漁師になっている太一には、もうクエのことは人に話す必要がないのだと思います。

きつねの窓

一年生
二年生
三年生
四年生
五年生
六年生

この作品でとらえたいフレーム

ファンタジーの構造から主題をとらえる

物語の中でも、ファンタジーには独特の作品構造があります。フレームリーディングは、その構造を丸ごと読むことで、中心人物の変容をとらえ、作品の主題に迫ることができます。

ファンタジーは、三年生の『つり橋わたれ』『もうすぐ雨に』『白い花びら』、四年生の『白いぼうし』『初雪のふる日』、五年生の『注文の多い料理店』『雪わたり』など、教科書各社でいろいろと取り上げています。そして六年生の『きつねの窓』につながっていくのです。

ファンタジーの構造の基本形は、『つり橋わたれ』のような作品です。つまり、現実から非現実に場面が変わるときに、ある合図が描かれます。『つり橋わたれ』では、「どっと風が吹く」というのが合図です。同じように、非現実から現実世界に戻ってくるときにも合図があって、それは現実から非現実に場面が変わるときと、基本的に同じものになります。『注文の多い料理店』も、「どうと風が吹く」という合図によって、山猫件という西洋料理店が現れ、そして消えていきます。

また、ファンタジーは、中心人物が現実から非現実に出かけていくという、浦島太郎のようなパターンと、非現実から現実世界に不思議なものがやってくるという、ドラえもんのようなパターンとに大きく分かれています。

このようなファンタジーの構造を学ぶと、最終的には、自分でファンタジー作品を創作することができるようになります。

第一段階のフレームリーディング

発問 この作品のスイッチはどこにある?

現実と非現実を行き来するときに描かれる合図を「スイッチ」と呼ぶことがあります。このスイッチが、前述したように「風」であったり、「雷」であったりするのです。スイッチにもいろいろな種類があり、自然現象の他にも、『雪わたり』などは、凍った野原というように、空間の移動によってスイッチが入る場合もあります。また、教科書作品ではありませんが、宮沢賢治の『セロ弾きのゴーシュ』などは、夜中になると動物が現れ、明け方太陽が昇るころになると、あわてて帰っていくという、タイムリミット制のファンタジーもあります。

『きつねの窓』のスイッチは、「道を一つ曲がった時」というように空間移動と考えられますが、非現実の場面できつねに染めてもらった指で窓をつくり、その中をのぞくと、過去の大切な人に出会うことができるという二重構造になっています。つまり、空間移動による非現実世界と、過去という時間移動の二つの非現実世界が描かれているのです。さらに、過去と出会える指は、現実世界にももって帰ることができる、「おみやげ」になっています。こうしたスイッチと非現実の二重構造が、この作品の特徴です。

きつねの窓　　安房直子

スイッチはどこ?

入り口
- ぼんやり歩いている時
- 道を一つ曲がった時

（空間移動によるスイッチON）

出口
- 店の裏手に出る→見慣れた杉林

（空間移動によるスイッチOFF）
- うっかり手を洗ってしまう

ききょう色に染めた指は?
非現実世界からのおみやげ?

ファンタジーのスイッチをとらえる

T：このファンタジーのスイッチは何でしょうか?

C：「ぼんやり」だと思います。はじめに、中心人物の「ぼく」が「ぼんやり」していて非現実に入り、最後も、「無意識に」手を洗ってしまって、非現実には行けなくなってしまったからです。

C：私は、「道を一つ曲がった時」だと思います。『雪わたり』のときのように、空間移動でスイッチが入って非現実になったと思います。

C：その意見に賛成です。帰りも、染め物屋の店の裏に出ると、いつもの杉林で、空間移動して元に戻ったと考えました。

T：そうすると、「ぼく」が二回目に指で窓をつくって見たのは、現実世界の場面と言うことになりますよね。おかしくないですか。

C：『注文の多い料理店』のくしゃくしゃの顔が治らなかったように、現実に戻っても残っているものがあると考えてもよいと思います。

発問 中心人物は、何が変わった?

基本的にファンタジーの非現実世界は、中心人物を変容させるためにあります。この作品では、中心人物の「ぼく」の何が、どのように変わったのかを考えます。変容を考えるときには、冒頭場面と結末場面を対比させます。

独りぽっち……昔のことを思い出している
　鉄砲でダーンと一発やってしまえば
　親ぎつねをしとめたい

ぼく

　気前よく、鉄砲をきつねにやる
　（少しもおしくない）
独りではない（よく人に笑われます）

中心人物の変容をとらえる

T：中心人物の「ぼく」は、この作品の中で、非現実世界を通して何が変わったのでしょうか?

C：仕事が変わりました。きつねに鉄砲をあげてしまって、最後の場面では、違う仕事をしているように思います。

C：命を大切にするように変わったと思います。それまでは子ぎつねがいるのに親ぎつねも撃とうとねらっていました。

C：独りぼっちではなくなっています。結末場面に「よく人に笑われます」と書かれているので、人とかかわっていることが分かります。

第二段階のフレームリーディング

発問　指でつくった窓の中に見えていたものは何？

非現実世界に描かれている場面の意味を考えます。前述したとおり、非現実の場面は、中心人物を変えるためにあります。ですから、中心人物の何を変えるための非現実なのかを考えることは、第一段階のフレームリーディングで読んだ「中心人物の変容」を確かめることにもつながります。また、作品全体の中で非現実世界の意味を考えることは、主題をとらえることにもつながります。

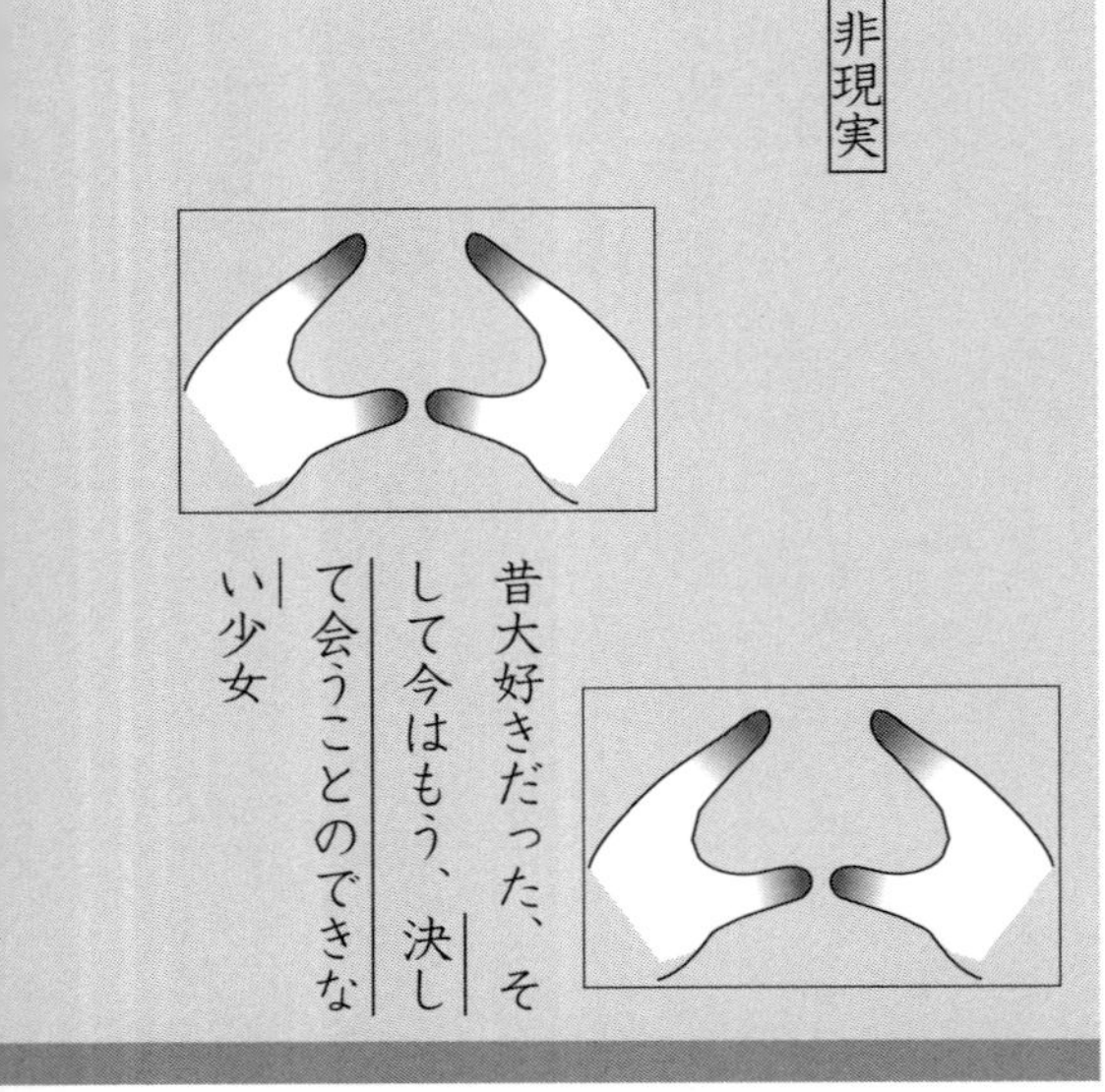

▼非現実場面の役割をとらえる

T：指を染めることで出会えた非現実には、何が見えていますか。

C：子ぎつねの指の窓には、死んでしまった母ぎつねが見えていました。

C：「ぼく」が最初に見た窓には、「昔大好きだった、そして今はもう、決して会うことのできない少女」が映っていました。

C：これは、「ぼく」が、冒頭場面でとりとめなく考えていた女の子のことだと思います。

未練
忘れきれない
スイッチ 店の裏手へ回った
〈空間移動〉

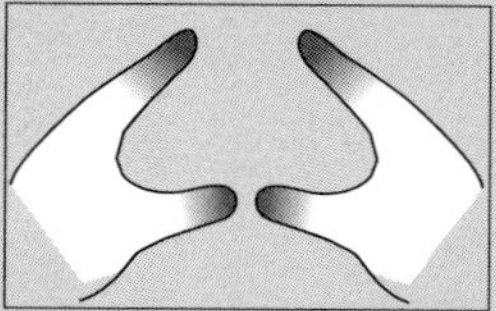

・霧雨
・なつかしい庭
・縁側
・子どもの長靴
・菜園―青じそ

現実

非現実から
のお土産

・ラジオの音楽
・子どもの笑い声
・二人―ぼく
　　　死んだ妹

声

（なめこ）

あの家は焼けたのです

Ｃ：忘れきれずにいて、未練が残っているのだと思います。
Ｔ：そうすると、「ぼく」の指の中には、忘れられずに未練の残っている人が映るということだね。
Ｃ：二回目に見たときには、霧雨の中のなつかしい庭が映っています。古い縁側と子どもの長靴、雨に濡れた青じそも見えています。
Ｃ：二回目には、音も聞こえてきています。ラジオの音、子どもの笑い声。一人は「ぼく」自身で、もう一人は死んだ妹の声。
Ｃ：子どもの頃の「ぼく」の家は、もう焼けてしまって、ないと書かれています。
Ｔ：どうして焼けてしまったんだろう。
Ｃ：火事か、戦争かも。戦争なら、大好きだった少女も、妹も死んでしまっていることとつながります。
Ｃ：小さい子が、そんなに死んでしまっているのはおかしいものね。

一年生
二年生
三年生
四年生
五年生
六年生

第三段階のフレームリーディング

発問 この作品の主題は何だろう。

物語の学習のゴールは、作品の主題を自分の言葉で表現できることです。「主題」とは、その作品から自分が何を受け止めたか、ということです。

作品を深く読むことで、作品をどのように受け止めるかが変わります。一人一人が精一杯自分の読みをつくり、その上で作品の主題をどのように受け止めたかを表現します。

作品の主題は、短い言葉で表現して、その意味を文章で解説するようなスタイルをとっています。

主題を考えてまとめよう

小さな命も大切に
一つの命の重さ
悲しい過去→命の大切さ

主題をとらえる

T：この作品から受け止めたものを、主題としてノートに書きましょう。書けたら、どうしてそのような言葉になったのか、説明も加えてください。

C：私が受け止めたのは、「小さな命も大切に」ということです。人間にとって、動物であるきつねの命はたいしたものではないかもしれませんが、同じ命であるということを、きつねは伝えたかったのではないかと思います。

C：私が受け止めたのは「悲しい過去から命の大切さを学ぶ」ということです。「ぼく」にとって、大好きだった少女や妹の死はとても悲しいことだったとも思います。命の大切さを、きつねに染めてもらった指の窓のおかげであらためて感じ取ることができたのだと思います。

C：私は、「過去の悲しみを受け入れ、乗り越える」ことだと思いました。家が焼けて、妹をなくした「ぼく」は、山小屋に独りぼっちで生きてきましたが、きつねの窓をもらって、このままではいけないと気づいたのだと思います。だから、結末場面では、人によく笑われるというように、社会の中で生きているのだと思います。

きつねの窓

平和な共存《ぞん》

純《じゅん》すいな心

過去を乗りこえる

今を大切に生きる

・・過去にはもどれない

生きていることのありがたみ

子ども達のとらえた主題は大きく二つに分かれました。どちらも主題として重要だと思います。一つは、命をどのように考えるかということでした。これは、子ぎつねとのやりとりを重視して考えた主題です。もう一つは、過去を乗り越えて今を大切に生きるということです。これは、指でつくった窓に重点をおいてのものでした。ファンタジーの二重構造が、主題にも反映されていました。

おわりに

子ども達を取り巻くこれからの社会は、まさに未知の世界であり、不確定な世の中です。そうした社会に適応しながら、自らの力を発揮して生き抜くためには、それまでに身につけた知識・技能を活かし、新しい情報をこれに統合しながら柔軟に対応することのできる思考力・判断力・表現力を身につけていかなければなりません。

柔軟性のある対応力は、ものごとを多面的・多角的にとらえ、構造化する力をもつことで育むことができます。本書で紹介してきたフレームリーディングの考え方は、「読むこと」に限らず、生きていく上で遭遇するさまざまな場面を、いろいろなフレームでとらえることのできる子どもを育てるために必要なものであると思っています。それは例えば、車のナビゲーションシステムに似ていると言えるかもしれません。自分の進む道がどうなっているのかを、一面的・固定的な画面でとらえると、それ以上のことやそれ以外の情報は知ることができません。しかし、縮尺を変えて、もっと大きな視野でとらえてみたり、時にはこの先の状況を、別の角度から俯瞰して見てみたりすると、このまま真っすぐ進むより、別の道に迂回した方がよさそうだと判断することができるでしょう。ものごとを、いろいろな角度、いろいろな方向から見てみることが、多様なフレームをもつことになるのです。

文学的文章は、切り取られた一つの世界です。そして、その世界の中を生きている人物が描かれています。作品世界の中を生きる人物をどのようにとらえるか。それが文学を読むことです。多様なフレームをもって、文学の世界に生きる人物をとらえることができれば、それは、現実世界を生きる自分たちのヒントになることでしょう。これが読書することの意味です。読書を通して様々な世界にふれ、擬似的に体験したり知識を獲得したり新しい考えに出会ったりすることが、人を成長させ、人生をより豊かにしてくれます。そのために、多くのフレームを通して読む読み方を学ぶ必要があるのです。フレームリーディングは、「このように読めばよい」という読み方の公式を示すものではありませんし、ましてや「このように授業をすればよい」という授業方法の型でもありません。作品をどのようなフレームで読んでみようかと試行錯誤する場が大切なのです。もしかすると、本書で紹介してきたフレームではとらえきれない作品があるかもしれません。そのときに「このようなフレームでとらえてみたらどうだろう」というように、読者が新しいフレームをつくり出すということもあるかもしれません。これこそまさに、「未知に対応する力」だということができるでしょう。このような力を身につけていければ、これからの世の中を必ず生き抜けるはずです。

壮大な話になりましたが、フレームリーディングにはそれだけの可能性があると感じています。国語科の読むことで身につけたこの考え方は、単に読み方の一つではなく、教科を越えた汎用的な資質・能力を掘り起こし、育むものであり、生きる上でも必要な力を育むものであると考えています。

本書が、未来を生きる子どもを育てる先生方の一助になれば幸いです。

最後になりましたが、本書の刊行にあたって、温かく辛抱強く応援してくださった明治図書出版の林　知里様に心より感謝します。

平成二十九年一月

筑波大学附属小学校　**青木　伸生**

【著者紹介】

青木　伸生（あおき　のぶお）

1965年千葉県生まれ。東京学芸大学卒業後，東京都の教員を経て現在筑波大学附属小学校教諭。

全国国語授業研究会会長，教育出版国語教科書編著者，日本国語教育学会常任理事，國學院栃木短期大学非常勤講師。

〈主な著書〉

『ゼロから学べる小学校国語科授業づくり』『基幹学力をはぐくむ「言語力」の授業』（明治図書），『プレミアム講座ライブ　青木伸生の国語授業のつくり方』，『「フレームリーディング」でつくる国語の授業』，『教科書　新教材15「フレームリーディング」でつくる国語の授業』（東洋館出版社），『図解で納得！道徳授業が深まる　国語教材活用の実践』（学事出版）他多数。

〔本文イラスト〕木村美穂

青木伸生の国語授業

フレームリーディングで文学の授業づくり

2017年２月初版第１刷刊　©著　者　青　木　伸　生

2019年10月初版第４刷刊　発行者　藤　原　光　政

発行所　明治図書出版株式会社

http://www.meijitosho.co.jp

（企画）林　知里（校正）足立早織

〒114-0023　東京都北区滝野川7-46-1

振替00160-5-151318　電話03(5907)6703

ご注文窓口　電話03(5907)6668

＊検印省略　組版所　藤　原　印　刷　株　式　会　社

Printed in Japan　ISBN978-4-18-138214-8